अनामिका

अनामिका

सूर्यकान्त त्रिपाठी निराला

GYAN

Published by

Gyan Publishing House
5, Ansari Road
Daryaganj, New Delhi-110002
Phone: 011-47034999, 9811692060
E-mail: books@gyanbooks.com

Distribution Network
gyanbooks.com
India, USA, Canada, UK, Australia

ISBN: 978-93-7316-087-0 (PB)

First Published, 1910

2nd Impression 2025

Printed at: Gyan Press, Delhi.

अनामिका

Arthur: सूर्यकान्त त्रिपाठी निराला

स्वर्गीय

समादर्श मित्रवर

मतवाला'-सम्पादक

बाबू महादेवप्रसाद जी सेठ

की

पुण्यस्मृति

में

उन्हीं का—"निराला"

प्राक्कथन

'अनामिका' नाम की पुस्तिका मेरी रचनाओ का पहला सग्रह है। आदरणीय मित्र स्वर्गीय श्री बाबू महादेव प्रसाद जी सेठ ने प्रकाशित की थी। वे मेरी रचनाओं के पहले प्रशसक है। तब मेरी कृतियाँ पत्र-पत्रिकाओ से प्राय वापस आती थी। मै भी उदास और निराश हो गया था। महादेव बाबू विद्वान् व्यक्ति थे; साथ साथ तेजस्वी और उदार। यद्यपि उनसे मेरा परिचय मेरे समन्वय-सम्पादन-काल मे हुआ, फिर भी वैदान्तिक साहित्य से खीच कर हिन्दी में परिचित और प्रगतिशील मुझे उन्ही ने किया, अपना 'मतवाला' निकाल कर। मेरा उपनाम 'निराला' 'मतवाला' के ही अनुप्रास पर आया था। अस्तु, उस 'अनामिका' की अच्छी कृतियाँ बाद के 'परिमल' नाम के सग्रह मे आ गई थी, अधूरी निकाल दी गई थी। इस 'अनामिका' मे उसका कोई चिन्ह अवशिष्ट नही। यह नामकरण मैने सिर्फ इसलिये किया है कि इसे उन्हे ही उनकी स्मृति मे सर्मपित करूँ। उनकी तारीफ मे मैनें जब-जब कलम उठाया है, लेखनी रुक गई है। वे मुझे कितना चाहते थे, इसका उल्लेख असम्भव है; और यह ध्रुव सत्य कि वे न होते तो 'निराला' भी न आया होता।

लखनऊ
२०. १२. ३७.

श्रीसूर्य्यकान्त त्रिपाठी

पुरा कवीनां गणनाप्रसंगे
कनिष्ठिकाधिष्ठित कालिदासा
अद्यापि तत्तुल्यकवेरभावात्—

अनामिका

—सार्थवती बभूव ।

श्री सूर्यकान्त त्रिपाठी 'निराला'

अनुक्रम

प्रेयसी

घेर अङ्ग-अङ्ग को
लहरी तरङ्ग वह प्रथम तारुण्य की,
ज्योतिर्मयि-लता-सी हुई मैं तत्काल
घेरि निज तरु-तन।
खिले नव पुष्प जग प्रथम सुगन्ध के,
प्रथम वसन्त में गुच्छ-गुच्छ।
दृगों को रँग गई प्रथम प्रणय-रश्मि,—
चूर्ण हो विच्छुरित
विश्व-ऐश्वर्य को स्फुरित करती रही
बहु रङ्ग-भाव भर
शिशिर ज्यों पत्र पर कनक-प्रभात के,
किरण-सम्पात से।
दर्शन-समुत्सुक युवाकुल पतङ्ग ज्यों
विचरते मञ्जु-मुख
गुञ्ज-मृदु अलि-पुञ्ज
मुखर-उर मौन वा स्तुति-गीत में हरे।

प्रस्रवण झरते आनन्द के चतुर्दिक—
भरते अन्तर पुलकराशि से बार-बार
चक्राकार कलरव–तरङ्गों के मध्य में
उठी हुई ऊर्वशी-सी,
कम्पित प्रतनु-भार,
विस्तृत दिगन्त के पार प्रिय बद्ध-दृष्टि
निश्चल अरूप में।
हुआ रूप-दर्शन
जब कृतविध तुम मिले
विधा को दृगों से,
मिला लावण्य ज्यों मूर्ति को मोहकर,—
शेफालिका को शुभ्र हीरक-सुमन-हार,—
शृङ्गार
शुचिदृष्टि मूक रस-सृष्टि को।
याद है, उषःकाल,—
प्रथम-किरण-कम्प प्राची के दृगों में,
प्रथम पुलक फुल्ल चुम्बित वसन्त की
मञ्जरित लता पर,

प्रेयसी

प्रथम विहग-बालिकाओं का मुखर स्वर—
प्रणय-मिलन-गान,
प्रथम विकच कलि वृन्त पर नग्न-तनु
प्राथमिक पवन के स्पर्श से काँपती;
करती विहार
उपवन में मैं, छिन्न-हार
मुक्ता-सी निःसङ्ग,
बहु रूप-रङ्ग वे देखती, सोचती;
मिले तुम एकाएक;
देख मैं रुक गई :—
चल पद हुए अचल,
आप ही अपल दृष्टि,
फैला समिष्ट में खिंच स्तब्ध मन हुआ।
दिये नहीं प्राण जो इच्छा से दूसरे को,
इच्छा से प्राण वे दूसरे के हो गये।
दूर थी,
खिंचकर समीप ज्यों मैं हुई
अपनी ही दृष्टि में;

जो था समीप विश्व,
दूर दूरतर दिखा।
मिली ज्योति-छबि से तुम्हारी
ज्योति-छबि मेरी,
नीलिमा ज्यों शून्य से;
बँध कर मैं रह गई;
डूब गये प्राणों में
पल्लव-लता-भार
वन-पुष्प-तरु-हार
कूजन-मधुर चल विश्व के दृश्य सब,—
सुन्दर गगन के भी रूप-दर्शन सकल—
सूर्य-हीरकधरा प्रकृति नीलाम्बरा,
सन्देशवाहक बलाहक विदेश के।
प्रणय के प्रलय मे सीमा सब खो गई!
बँधी हुई तुम से ही
देखने लगी मैं फिर
फिर प्रथम पृथ्वी को;
भाव बदला हुआ—

प्रेयसी

पहले की घन-घटा वर्षण बनी हुई,
कैसा निरञ्जन यह अञ्जन आ लग गया।
देखती हुई सहज
हो गई मैं जड़ीभूत,
जगा देहज्ञान,
फिर याद गेह की हुई;
लज्जित
उठे चरण दूसरी ओर को—
विमुख अपने से हुई!
चली चुपचाप,
मूक सन्ताप हृदय में,
पृथुल प्रणय-भार।
देखते निमेषहीन नयनों से तुम मुझे
रखने को चिरकाल बाँध कर दृष्टि से
अपना ही नारी रूप, अपनाने के लिये,
मर्त्य में स्वर्गसुख पाने के अर्थ, प्रिय,
पीने को अमृत अङ्गों से झरता हुआ।
कैसी निरलस दृष्टि!

सजल शिशिर-धौत पुष्प ज्यों प्रात में
देखता है एकटक किरण-कुमारी को।—
पृथ्वी का प्यार, सर्वस्व उपहार देता
नभ की निरुपमा को,
पलकों पर रख नयन
करता प्रणयन, शब्द—
भावों में विश्रृङ्खल बहता हुआ भी स्थिर।
देकर न दिया ध्यान मैंने उस गीत पर
कुल-मान-ग्रन्थि मे बँधकर चली गई;
जीते संस्कार वे बद्ध संसार के—
उनकी ही मैं हुई !
समझ नहीं सकी, हाय,
बँधा सत्य अञ्चल से
खुलकर कहाँ गिरा।
बीता कुछ काल,
देह-ज्वाला बढ़ने लगी,
नन्दन-निकुञ्ज की रति को ज्यों मिला मरु,
उतर कर पर्वत से निर्झरी भूमि पर

पंकिल हुई, सलिल-देह कलुषित हुआ।
करुणा को अनिमेष दृष्टि मेरी खुली,
किन्तु अरुणार्क, प्रिय, झुलसाते ही रहे—
भर नहीं सके प्राण रूप-विन्दु-दान से।
तब तुम लघुपद-विहार
अनिल ज्यों बार - बार
वक्ष के सजे तार झङ्कृत करने लगे
साँसों से, भावों से, चिन्ता से कर प्रवेश।
अपने उस गीत पर
सुखद मनोहर उस तान की माया में,
लहरों में हृदय की
भूल-सी मैं गई
संसृति के दुःख-घात,
श्लथ-गात, तुम में ज्यों
रही मैं बद्ध हो।
किन्तु हाय,
रूढ़ि, धर्म के विचार,
कुल, मान, शील, ज्ञान,

Missing Page

मित्र के प्रति

१

कहते हो, "नीरस यह
बन्द करो गान—
कहाँ छन्द, कहाँ भाव,
कहाँ यहाँ प्राण ?
"था सर प्राचीन सरस,
सारस-हंसों से हँस;
वारिज-वारिद में बस
रहा विवश प्यार;
जल-तरङ्ग ध्वनि; कलकल
बजा तट-मृदङ्ग सदल;
पैंगें भर पवन कुशल
गाती मल्लार ।"

२

सत्य, बन्धु, सत्य; वहाँ
नहीं अर्र-बर्र;
नहीं वहाँ भेक, वहाँ
नहीं टर्र-टर्र।
एक यहीं आठ पहर
बही पवन हहर-हहर,
तपा तपन, ठहर-ठहर
सजल कण उड़े;
गये सूख भरे ताल,
हुए रूख हरे शाल,
हाय रे; मयूर-व्याल
पूंछ से जुड़े!

३

देखे कुछ इसी समय
दृश्य और - और
इसी ज्वाल में लहरे
हरे ठौर - ठौर ?

नूतन पल्लव-दल, कलि,
मँडलाते व्याकुल अलि,
तनु-तन पर जाते बलि
बार - बार हार;
बही जो सुवास मन्द
मधुर - भार - भरण - छन्द,
मिली नहीं तुम्हें, बन्द
रहे, बन्धु, द्वार?

४

इसी समय झुकी आम्र-
शाखा फल - भार
मिली नहीं क्या जब यह
देखा संसार?
उसके भीतर जो स्तव,
सुना नहीं कोई रव?
हाय दैव, दव-ही-दव
बन्धु को मिला।
कुहरित भी पञ्चम स्वर,

रहे बन्द कर्ण - कुहर,
मन पर प्राचीन मुहर,
हृदय पर शिला

५

सोचो तो क्या थी वह
भावना पवित्र,
बँधा जहाँ भेद भूल
मित्र से अमित्र
तुम्हीं एक रहे मोड़
मूर्ख, प्रिय, प्रिय मित्र छोड़;
कहो, कहो, कहाँ होड़
जहाँ जोड़, प्यार ?
इसी रूप में रह स्थिर,
इसी भाव मे घिर - घिर,
करोगे अपार तिमिर—
सागर को पार ?

६

बही बन्धु, वायु प्रबल

जो, न बँध सकी;
देखते थके तुम, बहती
न वह थकी
समझो वह प्रथम वर्ष,
रुका नहीं मुक्त हर्ष,
यौवन दुर्धर्ष कर्ष—
मर्ष से लड़ा;
ऊपर मध्याह्न तपन
तपा किया, सन्-सन्-सन्
हिला-झुला तरु अगणन
बही वह हवा

७

उड़ा दी गई जो, वह भी
गई उड़ा,
जली हुई आग, कहो,
कब गई जुड़ा ?
जो थे प्राचीन पत्र
जीर्ण - शीर्ण, नहीं छत्र,

झड़े हुए यत्र-तत्र
पड़े हुए थे,
उन्हीं से अपार प्यार
बँधा हुआ था असार,
मिला दुःख निराधार
तुम्हे इसलिये।

८

वही तीव्र बन्धन
छन्दों का निरुपाय,
वही किया की फिर-फिर
हवा 'हाय-हाय'।
कमरे में, मध्य याम,
करते तब तुम विराम,
रचते अथवा ललाम
गतालोक लोक,
वह भ्रम मरुपथ पर की
यहाँ-वहाँ व्यस्त फिरी,

जला शोक-चिह्न, दिया
रँग विटप अशोक।

९

करती विश्राम, कहीं
नहीं मिला स्थान,
अन्ध-प्रगति-बन्ध किया
सिन्धु को प्रयाण;
उठा उच्च ऊर्मि-भङ्ग,—
सहसा शत-शत तरङ्ग,
क्षुब्ध लुब्ध, नील-अङ्ग-
अवगाहन-स्नान,
किया वहाँ भी दुर्दम
देख तरी विघ्न विषम,
उलट दिया अर्थागम
बनकर तूफान।

१०

हुई आज शान्त, प्राप्त
कर प्रशान्त-वक्ष;

मित्र के प्रति

नहीं त्रास, अतः मित्र,
नहीं 'रक्त, रक्त'।
उड़े हुए थे जो कण,
उतरे पा शुभ वर्षण,
शुक्ति के हृदय से बन
मुक्ता झलके;
लखो, दिया है पहना
किसने यह हार बना
भारति-उर में अपना,
देख दृग थके !

सम्राट् अष्टम एडवर्ड के प्रति

वीक्षण अराल :—
वज रहे जहाँ
जीवन का स्वर भर छन्द ताल
मौन में मन्द्र,
ये दीपक जिसके सूर्य-चन्द्र,
बँध रहा जहाँ दिग्देशकाल,
सम्राट् ! उसी स्पर्श से खिली
प्रणय के प्रियङ्गु की डाल-डाल
विंशति शताब्दि,
धन के, मान के बाँध को जर्जर कर महाब्धि
ज्ञान का, बहा जो भर गर्जन—
साहित्यिक स्वर—
"जो करे गन्ध-मधु का वर्जन
वह नहीं भ्रमर ;
मानव मानव से नहीं भिन्न,

सम्राट् एडवर्ड अष्टम के प्रति

निश्चय, हो श्वेत, कृष्ण अथवा,
वह नहीं क्लिन्न ;
भेद कर पङ्क
निकलता कमल जो मानव का
वह निष्कलङ्क,
हो कोई सर"
था सुना, रहे सम्राट् ! अमर—
मानव के वर !
वैभव विशाल,
साम्राज्य सप्त-सागर-तरङ्ग-दल-दत्त-माल,
है सूर्य छत्र
मस्तक पर सदा विराजित
ले कर-आतपत्र,
विच्छुरित छटा—
जल, स्थल, नभ में
विजयिनी वाहिनी—विपुल घटा,
क्षण क्षण भर पर
बदलती इन्द्रधनु इस दिशि से

उस दिशि सत्वर,
वह महासद्म
लक्ष्मी का शत-मणि-लाल-जटित
ज्यों रक्त पद्म,
बैठे उस पर,
नरेन्द्र-वन्दित ज्यों देवेश्वर।
पर रह न सके,
हे मुक्त,
बन्ध का सुखद भार भी सह न सके।
उर की पुकार
जो नव संस्कृति की सुनी
विशद, मार्जित, उदार,
था मिला दिया उससे पहले ही
अपना उर,
इसलिए खिंचे फिर नहीं कभी,
पाया निज पुर
जन-जन के जीवन में साहस,
है नहीं जहाँ वैशिष्ट्य-धर्म का
भ्रू-विलास—

सम्राट् एडवर्ड अष्टम के प्रति

भेदों का क्रम,
मानव हो जहाँ पड़ा—
चढ़ जहाँ बड़ा सम्भ्रम।
सिंहासन तज उतरे भू पर,
सम्राट् ! दिखाया
सत्य कौन सा वह सुन्दर।
जो प्रिया, प्रिया वह
रही सदा ही अनामिका,
तुम नहीं मिले—
तुमसे हैं मिले हुए नव
योरप-अमेरिका।
सौरभ प्रमुक्त !
प्रेयसी के हृदय से हो तुम
प्रतिदेशयुक्त,
प्रतिजन, प्रतिमन,
आलिङ्गित तुमसे हुई
सभ्यता यह नूतन !

दान

वासन्ती की गोद में तरुण,
सोहता स्वस्थ-मुख बालारुण ;
चुम्बित, सस्मित, कुञ्चित, कोमल
तरुणियों सदृश किरणें चंचल ;
किसलयों के अधर यौवन-मद
रक्ताभ ; मञ्जु उड़ते षट्पद
खुलती कलियों से कलियों पर
नव आशा—नवल स्पन्द भर भर ;
व्यञ्जित सुख का जो मधु-गुञ्जन
वह पुञ्जीकृत वन-वन उपवन ;
हेम-हार पहने अमलतास,
हँसता रक्ताम्बर वर पलास ;
कुन्द के शेष पूजार्घ्यदान,
मल्लिका प्रथम-यौवन-शयान ;
खुलते-स्तबकों की लज्जाकुल
नतवदना मधुमाधवी अतुल ;

दान

निकला पहला अरविन्द आज,
देखता अनिन्द्य रहस्य-साज;
सौरभ-वसना समीर बहती;
कानों में प्राणों की कहती;
गोमती क्षीण-कटि नटी नवल,
नृत्यपर मधुर-आवेश-चपल।
मैं प्रातः पर्यटनार्थ चला
लौटा, आ पुल पर खड़ा हुआ,
सोचा—"विश्व का नियम निश्चल,
जो जैसा, उसको वैसा फल
देती यह प्रकृति स्वयं सदया,
सोचने को न कुछ रहा नया;
सौन्दर्य, गीत, बहु वर्ण, गन्ध,
भाषा, भावों के छन्द-बन्ध,
और भी उच्चतर जो विलास,
प्राकृतिक दान वे, सप्रयास
या अनायास आते हैं सब,
सब में है श्रेष्ठ, धन्य मानव।"

फिर देखा, उस पुल के ऊपर
बहु संख्यक बैठे हैं वानर।
एक ओर पथ के, कृष्णकाय
कङ्कालशेष नर मृत्यु-प्राय
बैठा सशरीर दैन्य दुर्बल,
भिक्षा को उठी दृष्टि निश्चल;
अति क्षीण कण्ठ, है तीव्र श्वास,
जीता ज्यों जीवन से उदास।
ढोता जो वह, कौन सा शाप ?
भोगता कठिन, कौन सा पाप ?
यह प्रश्न सदा ही है पथ पर,
पर सदा मौन इसका उत्तर !
जो बड़ी दया का उदाहरण,
वह पैसा एक, उपायकरण !
मैंने झुक नीचे को देखा,
तो झलकी आशा की रेखा :—
विप्रवर स्नान कर चढ़ा सलिल
शिव पर दूर्वादल, तण्डुल, तिल,

लेकर झोली आये ऊपर,
देखकर चले तत्पर वानर।
द्विज राम-भक्त, भक्ति की आश
पूजते शिव को बारहो मास;
कर रामायण का पारायण
जपते हैं श्रीमन्नारायण;
दुख पाते जब होते अनाथ,
कहते कपियों से जोड़ हाथ,
मेरे पड़ोस के वे सज्जन,
करते प्रतिदिन सरिता-मज्जन;
झोली से पुए निकाल लिये,
बढ़ते कपियों के हाथ दिये;
देखा भी नहीं उधर फिर कर
जिस ओर रहा वह भिक्षु इतर;
चिल्लाया किया दूर दानव,
बोला मैं—"धन्य, श्रेष्ठ मानव।"

———

प्रलाप

वीणानिन्दित वाणी बोल !
संशय-अन्धकारमय पथ पर भूला प्रियतम तेरा—
सुधाकर-विमल धवल मुख खोल !
प्रिये, आकाश प्रकाशित करके,
शुष्ककण्ठ कण्टकमय पथ पर
छिड़क ज्योत्स्ना घट अपना भर भरके !
शुष्क हूँ—नीरस हूँ—उच्छृङ्खल—
और क्या क्या हूँ, क्या मैं दूँ अब इसका पता,
बता तो सही किन्तु वह कौन घेरनेवाली
बाहु-बल्लियों से मुझको है एक कल्पना-लता ?
अगर वह तू है तो आ चली
विहगगण के इस कल कूजन मे—
लता-कुञ्ज में मधुप-पुञ्ज के 'गुनगुनगुन' गुञ्जन मे,
क्या सुख है यह कौन कहे सखि,
निर्जन में इस नीरव मुख-चुम्बन में ?

अगर बतायेगी तू पागल मुझको
तो उन्मादिनी कहूँगा मैं भी तुझको ;
अगर कहेगी तू मुझको 'यह है मतवाला निरा'
तो तुझे बताऊँगा मैं भी लावण्य-माधुरी-मदिरा ;
अगर कभी देगी तू मुझको कविता का उपहार
तो मैं भी तुझे सुनाऊँगा भैरव के पद दो चार !
शान्ति-सरल मन की तू कोमल कान्ति—
यहाँ अब आ जा,

प्याला-रस कोई हो भर कर
अपने ही हाथों तू मुझे पिला जा,
नस-नस में आनन्द-सिन्धु की धारा प्रिये बहा जा ;
ढीले हो जायें ये सारे बन्धन,
होये सहज चेतना लुप्त,—
भूल जाऊँ अपने को, करदे मुझे अचेतन।
भूलूँ मैं कविता के छन्द,
अगर कहीं से आये सुर-संगीत—
अगर बजाये तू ही बैठ बगल में कोमल तार
तो कानों तक आते ही रुक जाये उनकी झङ्कार ;

भूलूँ मैं अपने मन को भी
तुझको—अपने प्रियजन को भी !
हँसती हुई, दशा पर मेरी प्रिय अपना मुख मोड़,
जायेगी ज्यों-का-त्यों मुझको यहाँ अकेला छोड़ ।
इतना तो कह दे—सुख या दुख भर लेगी
जब इस नद से कभी नई नय्या अपनी खेयेगी ?

१६. ३. २४

खँड़हर के प्रति

खँड़हर ! खड़े हो तुम आज भी ?
अद्भुत अज्ञात उस पुरातन के मलिन साज !
विस्मृति की नींद से जगाते हो क्यों हमें—
करुणाकर, करुणामय गीत सदा गाते हुए ?
पवन-सञ्चरण के साथ ही
परिमल-पराग-सम अतीत की विभूति-रज—
आशीर्वाद पुरुष-पुरातन का
भेजते सब देशों में,
क्या है उद्देश तव ?
बन्धन-विहीन भव !
ढीले करते हो भव-बन्धन नर-नारियों के ?
अथवा,
हो मलते कलेजा पड़े, जरा-जीर्ण,
निर्निमेष नयनों से
बाट जोहते हो तुम मृत्यु की
अपनी सन्तानों से बूँद भर पानी को तरसते हुए ?

किम्बा, हे यशोराशि !
कहते हो आँसू बहाते हुए—
"आर्त भारत ! जनक हूँ मैं
जैमिनि-पतञ्जलि-व्यास ऋषियों का ;
मेरी ही गोद पर शैशव-विनोद कर
तेरा है बढ़ाया मान
राम-कृष्ण-भीमार्जुन-भीष्म-नरदेवों ने ।
तुमने मुख फेर लिया,
सुख की तृष्णा से अपनाया है गरल,
हो बसे नव छाया में,
नव स्वप्न ले जगे,
भूले वे मुक्त प्रान, साम-गान, सुधा-पान ।"
बरसो आसीस, हे पुरुष-पुराण,
तव चरणों में प्रणाम है ।

७. १२. २३

प्रेम के प्रति

चिर-समाधि में अचिर-प्रकृति जब,
तुम अनादि तब केवल तम:
अपने ही सुख – इङ्गित से फिर
हुए तरङ्गित सृष्टि विषम।
तत्त्वों में त्वक बदल बदल कर
वारि, वाष्प ज्यों; फिर बादल,
विद्युत की माया उर मे, तुम
उतरे जग में मिथ्या – फल।

वसन वासनाओं के रँग रँग
पहन सृष्टि ने ललचाया,
बाँध बाहुओं मे रूपों ने
समझा—अब पाया—पाया;
किन्तु हाय, वह हुई लीन जब
क्षीण बुद्धि-भ्रम में काया,
समझे दोनों, था न कभी वह
प्रेम, प्रेम की थी छाया।

प्रेम, सदा ही तुम असूत्र हो
उर-उर के हीरों के हार,
गूँथे हुए प्राणियों को भी
गुँथे न कभी, सदा ही सार।

२०. २. ३२.

वीणावादिनी

तव भक्त भ्रमरों को हृदय में लिए वह शतदल विमल
आनन्द-पुलकित लोटता नव चूम कोमल चरणतल।
बह रही है सरस तान-तरङ्गिनी,
बज रही वीणा तुम्हारी सङ्गिनी,
अयि मधुरवादिनी, सदा तुम रागिनी - अनुरागिनी,
भर अमृत-धारा आज कर दो प्रेम विह्वल हृदयदल,
आनन्द-पुलकित हों सकल तव चूम कोमल चरणतल!
स्वर हिलोरें ले रहा आकाश में
काँपती है वायु स्वर - उच्छ्वास में,
ताल - मात्राएँ दिखातीं भङ्ग, नव गति, रङ्ग भी
मूर्च्छित हुए से मूर्च्छना करती उठाकर प्रेम - छल,
आनन्द-पुलकित हों सकल तव चूम कोमल चरणतल!

२३. २. ३८.

प्रगल्भ प्रेम

आज नहीं है मुझे और कुछ चाह
अर्धविकच इस हृदय-कमल में आ तू
प्रिये, छोड़ कर बन्धनमय छन्दों की छोटी राह !
गजगामिनि, वह पथ तेरा संकीर्ण,
कण्टकाकीर्ण
कैसे होगी उससे पार !
काँटों में अञ्चल के तेरे तार निकल जायेंगे
और उलझ जायेगा तेरा हार
मैंने अभी अभी पहनाया
किन्तु नज़र भर देख न पाया—कैसा सुन्दर आया।
मेरे जीवन की तू प्रिये, साधना,
प्रस्तरमय जग में निर्झर बन
उतरी रसाराधना !
मेरे कुञ्ज-कुटीर-द्वार पर आ तू
धीरे धीरे कोमल चरण बढ़ा कर,

ज्योत्स्नाकुल सुमनों की सुरा पिला तू
प्याला शुभ्र करों का रख अधरों पर !
बहे हृदय में मेरे, प्रिय, नूतन आनन्द प्रवाह,
सकल चेतना मेरी होये लुप्त
और जग जाये पहली चाह !
लखूँ तुझे ही चकित चतुर्दिक,
अपनापन मैं भूलूँ,
पड़ा पालने पर मैं सुख से लता-अङ्क के झूलूँ;
केवल अन्तरतल में मेरे सुख की स्मृति की अनुपम
धारा एक बहेगी ,
मुझे देखती तू कितनी अस्फुट बाते मन-ही-मन
सोचेगी, न कहेगी !
एक लहर आ मेरे उर में मधुर कराघातों से
देगी खोल हृदय का तेरा चिरपरिचित वह द्वार,
कोमल चरण बढ़ा अपने सिंहासन पर बैठेगी,
फिर अपनी उर की वीणा के उतरे ढीले तार
कोमल-कली उंगुलियों से कर सज्जित,
प्रिये, बजायेगी, होंगी सुरललनाएँ भी लज्जित !

इमन-रागिनी की वह मधुर तरङ्ग
मीठी थपकी मार करेगी मेरी निद्रा भङ्ग ;
जागूँगा जब, सम में समा जायगी तेरी तान,
व्याकुल होंगे प्राण,
सुप्त स्वरों के छाये सन्नाटे मे
गूँजेगा यह भाव,
मौन छोड़ता हुआ हृदय पर विरह-व्यथित प्रभाव—
"क्या जाने वह कैसी थी आनन्द-सुरा
अधरों तक आकर
बिना मिटाये प्यास गई जो सूख जलाकर अन्तर !"

७. ८. २४

यहीं

मधुर मलय में यहीं
गूँजी थी एक वह जो तान
लेती हिलोरें थी समुद्र की तरङ्ग-सी,—
उत्फुल्ल हर्ष से प्लावित कर जाती तट।
वीणा की झंकृति में स्मृति की पुरातन कथा
जग जाती हृदय मे,—बादलों के अङ्ग में
मिली हुई रश्मि ज्यों
नृत्य करती आँखों की
अपराजिता-सी श्याम कोमल पुतलियों मे,
नूपुरों की झनकार
करती शिराओं में सञ्चरित और गति
ताल-मूर्च्छनाओं सधी।
अधरों के प्रान्तों पर खेलती रेखाएँ
सरस तरङ्ग-भङ्ग लेती हुई हास्य की।

बङ्किम कर ग्रीवा
बाहु-वल्लरियों को बढ़ाकर
मिलनमय चुम्बन की कितनी वे प्रार्थनाएँ
बढ़ती थीं सुन्दर के समाराध्य मुख की ओर
तृप्तिहीन तृष्णा से।
कितने उन नयनों ने
प्रेम-पुलकित होकर
दिये थे दान यहाँ
मुक्त हो मान से!
कृष्णाघन अलकों मे
कितने प्रेमियों का यहाँ पुलक समाया था!
आभा में पूर्ण, वे बड़ी बड़ी आँखें,
पल्लवों की छाया में
बैठी रहती थीं मूर्ति निर्भरता की बनी।
कितनी वे राते
स्नेह की बातें
रक्खे निज हृदय मे
आज भी है मौन यहाँ—

लीन निज ध्यान म ।
यमुना की कल ध्वनि
आज भी सुनाती है विगत सुहाग-गाथा;
तट को बहा कर वह
प्रेम की प्लावित
करने की शक्ति कहती है ।

१६ २ २४

क्या गाऊँ

क्या गाऊँ ?—माँ ! क्या गाऊँ ?
गूँज रही हैं जहाँ राग-रागिनियाँ,
गाती हैं किन्नरियाँ—कितनी परियाँ—
कितनी पंचदशी कामिनियाँ,
वहाँ एक यह लेकर वीणा दीन
तन्त्री-क्षीण,—नहीं जिसमें कोई झङ्कार नवीन,
रुद्ध कण्ठ का राग अधूरा कैसे तुझे सुनाऊँ ?—
माँ ! क्या गाऊँ ?
छाया है मन्दिर में तेरे यह कितना अनुराग !
चढ़ते हैं चरणों पर कितने फूल
मृदु-दल, सरस-पराग;
गन्ध-मोद-मद पीकर मन्द समीर
शिथिल चरण जब कभी बढ़ाती आती,
सजे हुए बजते उसके अधीर नूपुर-मंजीर !

वहाँ एक निर्गन्ध कुसुम उपहार,
कहीं कहीं जिसमें पराग-संचार सुरभि-संसार
कैसे भला चढ़ाऊँ ?—
माँ ! क्या गाऊँ ?

१. ६. २४.

प्रिया से

मेरे इस जीवन की है तू सरस साधना कविता,
मेरे तरु की है तू कुसुमित प्रिये कल्पना-लतिका;
मधुमय मेरे जीवन की प्रिय है तू कमल-कामिनी,
मेरे कुञ्ज-कुटीर-द्वार की कोमल-चरणगामिनी;
नूपुर मधुर बज रहे तेरे,
सब शृङ्गार सज रहे तेरे,
अलक-सुगन्ध मन्द मलयानिल धीरे-धीरे ढोती,
पथश्रान्त तू सुप्त कान्त की स्मृति में चलकर सोती।
कितने वर्णों में, कितने चरणों में तू उठ खड़ी हुई,
कितने चन्दों में, कितने छन्दों में तेरी लड़ी गई,
कितने ग्रन्थों में, कितने पन्थों में देखा पढ़ी गई
तेरी अनुपम गाथा,
मैंने वन में अपने मन में
जिसे कभी गाया था।

मेरे कवि ने देखे तेरे स्वप्न सदा अविकार,
नहीं जानती क्यों तू इतना करती मुझको प्यार।
तेरे सहज रूप से रंग कर
झरे गान के मेरे निर्झर,
भरे अखिल सर,
स्वर से मेरे सिक्त हुआ संसार।

२९. ३. २४

सच है

यह सच है:—
तुमने जो दिया दान दान वह,
हिन्दी के हित का अभिमान वह,
जनता का जन-वाका ज्ञान वह,
सच्चा कल्याण वह अथच है—
यह सच है!
बार बार हार हार मैं गया,
खोजा जो हार द्वार में नया,
उड़ी धूल, तन सारा भर गया,
नहीं फूल, जीवन अविकच है—
यह सच है!

७. १०. ३९.

सन्तप्त

अपने अतीत का ध्यान
करता मैं गाता था गाने भूले अम्रीयमाण !
एकाएक क्षोभ का अन्तर में होते सञ्चार
उठी व्यथित उँगली से कातर एक तीव्र झङ्कार,
विकल वीणा के टूटे तार !
मेरा आकुल क्रन्दन,
व्याकुल वह स्वर-सरित्-हिलोर
वायु में भरती करुण मरोर
बढ़ती है तेरी ओर।
मेरे ही क्रन्दन से उमड़ रहा यह तेरा सागर
सदा अधीर,
मेरे ही बन्धन से निश्चल—
नन्दन-कुसुम-सुरभि-मधु-मदिर समीर;

मेरे गीतों का छाया अवसाद,
देखा जहाँ, वहीं है करुणा,
घोर विषाद।
"ओ मेरे !—मेरे बन्धन-उन्मोचन !
ओ मेरे !--ओ मेरे क्रदन-चन्दन !"
ओ मेरे अभिनन्दन !
ये सन्तप्त लिप्त कब होंगे गीत,
हृत्तल में तव जैसे शीतल चन्दन ?

२१. ६. २४.

चुम्बन

लहर रही शशिकिरण चूम निर्मल यमुनाजल,
चूम सरित की सलिल राशि खिल रहे कुमुद दल,
कुमुदों के स्मिति-मन्द खुले वे अधर चूम कर
बही वायु स्वच्छन्द, सकल पथ घूम घूम कर,
है चूम रही इस रात को वही तुम्हारे मधु अधर
जिनमें हैं भाव भरे हुए सकल-शोक-सन्तापहर !

६ १०. २३

अनुताप

जहाँ हृदय में बालकेलि की कलाकौमुदी नाच रही थी,
किरणत्रालिका जहाँ विजन-उपवन-कुसुमों को जाँच रही थी,
जहाँ वसन्ती-कोमल-किसलय-वलय-सुशोभित कर बढ़ते थे,
जहाँ मञ्जरी-जयकिरीट वनदेवी की स्तुति कवि पढ़ते थे,
जहाँ मिलन शिंजन-मधुगुञ्जन युवक-युवति-जन मन हरता था,
जहाँ मृदुल पथ पथिक-जनों की हृदय खोल सेवा करता था,
आज उसी जीवन-वन में घन अन्धकार छाया रहता है,
दमन-दाह से आज, हाय, वह उपवन मुरझाया रहता है!

२ २ २४

तट पर

नव वसन्त करता था वन की सैर
जब किसी क्षीण-कटि तटिनी के तट
तरुणी ने रक्खे थे अपने पैर।
नहाने को सरि वह आई थी,
साथ वसन्ती रँग की, चुनी हुई, साड़ी लाई थी।
काँप रही थी वायु, प्रीति की प्रथम रात की
नवागता, पर प्रियतम-कर-पतिता-सी
प्रेममयी, पर नीरव अपरिचिता-सी
किरण-बालिकाएँ लहरों से
खेल रही थीं अपने ही मन से, पहरों से।
खड़ी दूर सारस की सुन्दर जोड़ी,
क्या जाने क्या क्या कह कर दोनों ने ग्रीवा मोड़ी।
रक्खी साड़ी शिला-खण्ड पर
ज्यों त्यागा कोई गौरव-वर।
देख चतुर्दिक, सरिता में
उतरी तिर्यग्दृग, अविचल-चित।

नग्न बाहुओं से उछालती नीर,
तरङ्गों में डूबे दो कुमुदों पर
हँसता था एक कलाधर,*—
ऋतुराज दूर से देख उसे होता था अधिक अधीर।
वियोग से नदी-हृदय कम्पित कर,
तट पर सजल-चरण-रेखाएँ निज अङ्कित कर,
केश-भार जल-सिक्त चली वह धीरे धीरे
शिला-खण्ड की ओर,
नव-वसन्त काँपा पत्रों में,
देख दृगों की कोर।
अङ्ग-अङ्ग में नव-यौवन उच्छृङ्खल,
किन्तु बँधा लावण्य-पाश से
नम्र सहास अचञ्चल।
झुकी हुई कल कुञ्चित एक अलक ललाट पर,
बढ़ी हुई ज्यों प्रिया स्नेह की खड़ी बाट पर।

---

* भाव है—(दिन में भी) दो कुमुद (उरोजों) को देख कर चन्द्र (मुख) हँस रहा था।

तट पर

वायु सेविका-सी आकर
पोंछे युगल उरोज, बाहु, मधुराधर।
तरुणी ने सब ओर
देख, मन्द हँस, छिपा लिये उन्नत पीन उरोज,
उठा कर शुष्क वसन का छोर।
मूर्छित वसन्त पत्रों पर;
तरु से वृन्तच्युत कुछ फूल
गिरे उस तरुणी के चरणों पर।*

२. २. २४

---

* महाकवि श्री रवीन्द्रनाथ ठाकुर की 'विजयिनी' से।

ज्येष्ठ

(१)

ज्येष्ठ ! क्रूरता-कर्कशता के ज्येष्ठ ! सृष्टि के आदि !
वर्ष के उज्ज्वल प्रथम प्रकाश !
अन्त ! सृष्टि के जीवन के हे अन्त ! विश्व के व्याधि !
चराचर के हे निर्दय त्रास !
सृष्टि भर के व्याकुल आह्वान !—अचल विश्वास !
सृष्टि भर के शङ्कित अवसान ! —दीर्घ निश्वास !
देते हैं हम तुम्हें प्रेम-आमन्त्रण,
आओ जीवन-शमन, बन्धु, जीवन-धन !

(२)

घोर-जटा-पिङ्गल मङ्गलमय देव ! योगि-जन-सिद्ध !
धूलि-धूसरित, सदा निष्काम !
उग्र ! लपट यह लू की है या शूल—करोगे बिद्ध
उसे जो करता हो आराम !

बताओ, यह भी कोई रीति ? छोड़ घर-द्वार,
जगाते हो लोगों में भीति,--तीव्र सस्कार !—
या निष्ठुर पीड़न से तुम नव जीवन
भर देते हो, बरसाते है तव घन !

(३)

तेज: पुञ्ज ! तपस्या की यह ज्योति--प्रलय साकार;
उगलते आग धरा आकाश;
पड़ा चिता पर जलता मृत गत वर्ष प्रसिद्ध असार,
प्रकृति होती है देख निराश !
सुरधुनी में रोदन-ध्वनि दीन, —विकल उच्छ्वास,
दिग्वधू की पिक-वाणी क्षीण—दिगन्त उदास;
देखा जहाँ वहीं है ज्योति तुम्हारी,
सिद्ध ! काँपती है यह माया सारी।

(४)

शाम हो गई, फैलाओ वह पीत गेरुआ वस्त्र,
रजोगुण का वह अनुपम राग,

कर्मयोग की विमल पताका और मोह का अस्त्र,
सत्य जीवन के फल का—त्याग।
मृत्यु में तृष्णा में अभिराम एक उपदेश,
कर्ममय, जटिल, तृप्त, निष्काम; देव, निश्शेष।
तुम हो वज्र-कठोर किन्तु देवव्रत,
होता है संसार अत. मस्तक-नत।*

१९ ४ २४.

---

* महाकवि श्रीरवीन्द्रनाथ के 'वैशाख' से।

कहाँ देश है

'अभी और है कितनी दूर तुम्हारा प्यारा देश ?'—
कभी पूछता हूँ तो तुम हँसती हो
प्रिय, संभालती हुई कपोलों पर के कुञ्चित केश !
मुझे चढ़ाया बाँह पकड़ अपनी सुन्दर नौका पर,
फिर समझ न पाया, मधुर सुनाया कैसा वह संगीत
सहज-कमनीय-कण्ठ से गाकर !
मिलन-मुखर उस सोने के संगीत-राज्य में
मैं विहार करता था,—
मेरा जीवन-श्रम हरता था;
मीठी थपकी क्षुब्ध हृदय में तान-तरङ्ग लगाती
मुझे गोद पर ललित कल्पना की वह कभी सुलाती,
कभी जगाती;
जगकर पूछा, कहो कहाँ मैं आया ?
हँसते हुए दूसरा ही गाना तब तुमने गाया !

भला बताओ, क्यों केवल हँसती हो?—
क्यों गाती हो?
धीरे धीरे किस विदेश की ओर लिये जाती हो?

(२)

झाँका खिड़की खोल तुम्हारी छोटी सी नौका पर,
व्याकुल थीं निस्सीम सिन्धु की ताल-तरङ्गें
गीत तुम्हारा सुनकर;
विकल हृदय यह हुआ और जब पूछा मैंने
पकड़ तुम्हारे स्रस्त वस्त्र का छोर,
मौन इशारा किया उठा कर उंगली तुमने
धँसते पच्छिम सान्ध्य गगन में पीत तपन की ओर।
क्या वही तुम्हारा देश
ऊर्मि-मुखर इस सागर के उस पार—
कनक-किरण से छाया अस्ताचल का पश्चिम द्वार?
बताओ—वही?—जहाँ सागर के उस श्मशान में
आदिकाल से लेकर प्रतिदिवसावसान में
जलती प्रखर दिवाकर की वह एक चिता है,
और उधर फिर क्या है?

झुलसाता जल तरल अनल,
गलकर गिरता सा अम्बरतल,
है प्लावित कर जग को असीम रोदन लहराता;
खड़ी दिग्वधू, नयनों में दुख की है गाथा;
प्रबल वायु भरती है एक अधीर श्वास,
है करता अनय प्रलय का सा भर जलोच्छ्वास,
यह चारों ओर घोर संशयमय क्या होता है ?
क्यों सारा संसार आज इतना रोता है ?
जहाँ हो गया इस रोदन का शेष,
क्यों सखि, क्या है वहीं तुम्हारा देश ?*

२. ९. २४.

---

* महाकवि श्रीरवीन्द्रनाथ ठाकुर की 'निरुद्देश यात्रा' से।

दिल्ली

क्या यह वही देश है—
भीमार्जुन आदि का कीर्ति क्षेत्र,
चिरकुमार भीष्म की पताका ब्रह्मचर्य-दीप्त
उड़ती है आज भी जहाँ के वायुमण्डल में
उज्ज्वल, अधीर और चिरनवीन ?—
श्रीमुख से कृष्ण के सुना था जहाँ भारत ने
गीता-गीत—सिंहनाद—
मर्मवाणी जीवन-संग्राम की—
सार्थक समन्वय ज्ञान-कर्म-भक्ति-योग का ?
    यह वही देश है
    परिवर्तित होता हुआ ही देखा गया जहाँ
    भारत का भाग्य चक्र ?—
    आकर्षण तृष्णा का
    खींचता ही रहा जहाँ पृथ्वी के देशों को
    स्वर्ण-प्रतिमा की ओर ?—

उठा जहाँ शब्द घोर
संसृति के शक्तिमान दस्युओं का अदमनीय,
पुनः पुनः बर्बरता विजय पाती गई
सभ्यता पर, संस्कृति पर,
काँपे सदा रे अधर जहाँ रक्तधारा लख
आरक्त हो सदैव।
क्या यह वही देश है—
यमुना-पुलिन से चल
'पृथ्वी' की चिता पर
नारियों की महिमा उस सती संयोगिता ने
किया आहूत जहाँ विजित स्वजातियों को
आत्म-बलिदान से :—
पढ़ो रे, पढ़ो रे पाठ,
भारत के अविश्वस्त अवनत ललाट पर
निज चिताभस्म का टीका लगाते हुए,—
सुनते ही रहे खड़े भय से विवर्ण जहाँ
अविश्वस्त संज्ञाहीन पतित आत्मविस्मृत नर ?
बीत गये कितने काल,

क्या यह वही देश है
बदले किरीट जिसने सैकड़ों महीप-भाल?
क्या यह वही देश है
सन्ध्या की स्वर्णवर्ण किरणों में
दिग्वधू अलस हाथों से
थी भरती जहाँ प्रेम की मदिरा,—
पीती थीं वे नारियां
बैठी झरोखे में-उन्नत प्रासाद के?—
बहता था स्नेह-उन्माद नस-नस में जहाँ
पृथ्वी की साधना के कमनीय अङ्गों में?—
ध्वनिमय ज्यों अन्धकार
दूरगत सुकुमार,
प्रणयियों की प्रिय कथा
व्याप्त करती थी जहाँ
अम्बर का अन्तराल?
आनन्द-धारा बहती थी शत लहरों में
अधर के प्रान्तों से,
अतल हृदय से उठ

बाँधे युग बाहुओं के
लीन होते थे जहाँ अन्तहीनता में मधुर ?—
अश्रु बह जाते थे
कामिनी के कोरों से
कमल के कोषों से प्रात की ओस ज्यों,
मिलन की तृष्णा से फूट उठते थे फिर,
रँग जाता नया राग ?—
केश-सुख-भार रख मुख प्रिय-स्कन्ध पर
भाव की भाषा से
कहती सुकमारियाँ थीं कितनी ही बातें जहाँ
रातें विरामहीन करती हुई ?—
प्रिया की ग्रीवा कपोत बाहुओं से घेर
मुग्ध हो रहे थे जहाँ प्रिय-मुख अनुरागमय ?—
खिलते सरोवर के कमल परागमय
हिलते डुलते थे जहाँ
स्नेह की वायु से, प्रणय के लोक में
आलोक प्राप्त कर ?
रचे गये गीत,

गये गाये जहाँ कितने राग
देश के, विदेश के !
बहीं धाराएँ जहाँ कितनी किरणों को चूम !
कोमल निषाद भर
उठे वे कितने स्वर !
कितनी वे रातें
स्नेह की बातें रक्खे निज हृदय में
आज भी हैं मौन जहाँ !
यमुना की ध्वनि में
है गूँजती सुहाग-गाथा,
सुनता है अन्धकार खड़ा चुपचाप जहाँ !
आज वह 'फिरदौस'
सुनसान है पड़ा।
शाही दीवान-आम स्तब्ध है हो रहा,
दुपहर को, पार्श्व में,
उठता है झिल्लीरव,
बोलते हैं स्यार रात यमुना-कछार में,
लीन हो गया है रव
शाही अङ्गनाओं का,

दिल्ली

निस्तब्ध मीनार,
मौन हैं मकबरे :—
भय में आशा को जहाँ मिलते थे समाचार,
टपक पड़ता था जहाँ आँसुओं में सच्चा प्यार !

४. ४. ३४.

क्षमा-प्रार्थना

आज वह गई मेरी वह व्याकुल सङ्गीत-हिलोर
किस दिगन्त की ओर ?
शिथिल हो गई वेणी मेरी,
शिथिल लाज की ग्रन्थि,
शिथिल है आज बाहु-दृढ़-बन्धन,
शिथिल हो गया है वह मेरा चुम्बन !
शिथिल सुमन-सा पड़ा सेज पर अञ्चल,
शिथिल हो गई है वह चितवन चञ्चल !
शिथिल आज है कल का कूजन—
पिक की पञ्चम तान,
शिथिल आज वह मेरा आदर—
मेरा वह अभिमान !—
यौवन-वन-अभिसार-निशा का यह कैसा अवसान ?
सुख-दुख की धाराओं में कल
बहने की थी अटल प्रतिज्ञा—
कितना दृढ़ विश्वास,

क्षमा-प्रार्थना

और आज कितनी दुर्बल हूँ—
लेती ठंढी साँस !
प्रिय अभिनव !
मेरे अन्तर के मृदु अनुभव !
इतना तो कह दो—
मिटी तुम्हारे इस जीवन की प्यास ?
और हाँ, यह भी, जीवन-नाथ !—
मेरी रजनी थी यदि तुमको प्यारी
तो प्यारा क्या होगा यह अलस प्रभात ?
वर्षा, शरत्, वसन्त, शिशिर, ऋतु शीत,
पार किये तुमने सुन सुनकर मेरे जो सङ्गीत,
घोर ग्रीष्म में वैसा ही मन
लगा, सुनोगे क्या मेरे वे गीत—
कहो, जीवन-धन !
माला में ही सूख गये जो फूल
क्या न पड़ेगी उन पर, प्रियतम,
एक दृष्टि अनुकूल !
ताक रहे हो दृष्टि,
जाँच रहे हो या मन ?—

क्षमा कर रहे हो अथवा तुम देव,

अपने जन के स्खलन और सब पतन ?

॥बांधे थे तुमने जिस स्वर में तार,

उतर गये उससे वे बारम्बार !

दुर्बल मेरे प्राण

कहो भला फिर

कैसे गाते रचे तुम्हारे गान ?*॥

१७. ५. २४.

---

* महाकवि श्रीरवीन्द्रनाथ ठाकुर के भावों से ।

उद्‌बोधन

गरज गरज घन अन्धकार में गा अपने सङ्गीत,
बन्धु, वे बाधा-बन्ध-विहीन,
आँखों में नव जीवन की तू अञ्जन लगा पुनीत,
बिखर झर जाने दे प्राचीन ।
बार बार उरकी वीणा मे कर निष्ठुर झङ्कार
उठा तू भैरव निर्जर राग,
बहा उसी स्वर मे सदियों का दारुण हाहाकार
सञ्चरित कर नूतन अनुराग ।
बहता अन्ध प्रभञ्जन ज्यों, यह त्योंही स्वर-प्रवाह
मचल कर दे चञ्चल आकाश,
उड़ा उड़ा कर पीले पल्लव, करे सुकोमल राह,—
तरुण तरु, भर प्रसून की प्यास ।
काँपे पुनर्वार पृथ्वी शाखा-कर-परिणय-माल,
सुगन्धित हो रे फिर आकाश,
पुनर्वार गायें नूतन स्वर, नव कर से दे ताल,
चदुर्दिक छा जाये विश्वास ।

मन्द्र उठा तू बन्द-बन्द पर जलने वाली तान
विश्व की नश्वरता कर नष्ट,
जीर्ण-शीर्ण जो, दीर्ण धरा में प्राप्त करे अवसान,
रहे अवशिष्ट सत्य जो स्पष्ट।
ताल-ताल से रे सदियों के जकड़े हृदय-कपाट,
खोल दे कर कर कठिन प्रहार,
आये अभ्यन्तर संयत चरणों से नव्य विराट,
करे दर्शन, पाये आभार।
छोड़, छोड़ दे शङ्काएँ, रे निर्झर-गर्जित वीर!
उठा केवल निर्मल निर्घोष,
देख सामने, बना अचल उपलों को उत्पल, धीर!
प्राप्त कर फिर नीरव सन्तोष!
भर उद्दाम वेग से बाधाहर तू कर्कश प्राण
दूर कर दे दुर्बल विश्वास,
किरणों की गति से आ, आ तू, गा तू गौरव-गान,
एक कर दे पृथ्वी-आकाश।

१२. ४. २४.

रेखा

यौवन के तीर पर प्रथम था आया जब
स्रोत सौन्दर्य का,
वीचियों में कलरव सुख चुम्बित प्रणय का
था मधुर आकर्षणमय,
मज्जनावेदन मृदु फूटता सागर मे।
वाहिनी संसृति की
आती अज्ञात दूर चरण-चिह्न-रहित
स्मृति रेखाएँ पारकर,
प्रीति की प्लावन-पटु,
क्षण में बहा लिया—
साथी मैं हो गया अकूल का,
भूल गया निज सीमा,
क्षण में अज्ञानता को सौंप दिये मैंने प्राण
बिना अर्थ,—प्रार्थना के।
तापहर हृदय-वेग
लग्न एक ही स्मृति में;

कितना अपनाव ?—
प्रेमभाव बिना भाषा का,
तानतरल कम्पन वह बिना शब्द-अर्थ की
उस समय हृदय में
जो कुछ बह आता था,
हृदय से चुपचाप
प्रार्थना के शब्दों मे
परिचय बिना भी यदि
कोई कुछ कहता था,
अपनाता मैं उसे ..।
चिर-कालिक कालिमा—
जड़ता जीवन की चिर-सञ्चित थी दूर हुई।
स्वच्छ एक दर्पण—
प्रतिबिम्बों की ग्रहण-शक्ति सम्पूर्ण लिये हुए;
देखता मैं प्रकृति चित्र, —
अपनी ही भावना की छायाएँ चिर-पोषित।
प्रथम जीवन में
जीवन ही मिला मुझे, चारों ओर।

आती समीर
जैसे स्पर्श कर अङ्ग एक अज्ञात किसी का,
सुरभि सुमन्द में हो जैसे अङ्गराग-गन्ध,
कुसुमों में चितवन अतीत की स्मृति-रेखा—
परिचित चिर-काल की,
दूर चिर-काल से;
विस्मृति से जैसे खुल आई हो कोई स्मृति
ऐसेही प्रकृति यह
हरित निज छाया में
कहती अन्तर की कथा
रह जाती हृदय में।
बीते अनेक-दिन
बहते प्रिय-वक्ष पर ऐसे ही निरुपाय
बहु-भाव-भङ्गों की यौवन-तरङ्गों में।
निरुद्देश मेरे प्राण
दूर तक फैले उस विपुल अज्ञान में
खोजते थे प्राणों को,
जड़ में ज्यों वीत-राग चेतन को खोजते।

अन्त में

मेरी ध्रुवतारा तुम
प्रसरित दिगन्त से
अन्त में लाईं मुझे
सीमा में दीखी असीमता—
एक स्थिर ज्योति में
अपनी अबाधता—
परिचय निज पथ का स्थिर।
वक्ष पर धरा के अब
तिमिर का भार गुरु
पीड़ित करता है प्राण,
आते शशाङ्क तब हृदय पर आप ही,
चुम्बन-मधु ज्योति का, अन्धकार हर लेता।
छाया के स्पर्श से
कल्पित सुख मेरा भी प्राणों से रहित था,—
कल्पना ही एक
दूर सत्य के आलोक से,—
निर्जन-प्रियता में था मौन-दुःख साथी बिना।

प्रतिमा सौन्दर्य की
हृदय के मञ्च पर
आई न थी तब भी,
पत्र-पुष्प-अर्घ्य ही
सञ्चित था हो रहा
आगम-प्रतीक्षा में,--
स्वागत की वन्दना ही
सीखी थी हृदय ने ।
उत्सुकता वेदना,
भीति, मौन, प्रार्थना
नयनों की नयनों से,
सिञ्चन सुहाग--प्रेम,
दृढ़ता चिबुक की,
अधरों की विह्वलता,
भ्रू-कुटिलता, सरल हास,
वेदना कण्ठ में,
मृदुता हृदय में,
काठिन्य वक्षस्थल में,
हाथों में निपुणता,

शैथिल्य चरणों में,
दीखी नहीं तब तक
एक ही मूर्ति में
तन्मय असीमता।
सृष्टि का मध्यकाल मेरे लिये।
तृष्णा की जागृति का
मूर्त राग नयनों में।
हुताशन विश्व के शब्द-रस-रूप-गन्ध
दीपक-पतङ्ग-से अन्ध थे आ रहे
एक आकर्षण में
और यह प्रेम था!
तृष्णा ही थी सजग
मेरे प्रतिरोम में।
रसना रस-नाम-रहित
किन्तु रस-ग्राहिका!
भोग—वह भोग था,
शब्दों की आड़ में
शब्द-भेद प्राणों का—
घोर तम सन्ध्या की स्वर्ण-किरण-दीप्ति में!

शत-शत वे बन्धन ही
नन्दन-स्वरूप-से आ
सम्मुख खड़े थे !--
स्मितनयन, चञ्चल, चयनशील,
अति-अपनाव-मृदु भाव खोले हुए !
मन का जड़त्व था,
दुर्बल वह धारणा चेतन की
मूर्च्छित लिपटती थी जड़ों से बारम्बार।
सब कुछ तो था असार
अस्तु, वह प्यार ?--
सब चेतन जो देखता,
स्पर्श में अनुभव--रोमाञ्च,
हर्ष रूप में--परिचय,
विनोद; सुख गन्ध मे,
रस में मज्जनानन्द,
शब्दों में अलङ्कार,
खींचा उसी ने था हृदय यह,
जड़ों में चेतन-गति कर्षण मिलता कहाँ ?

पाया आधार
भार-गुरुता मिटाने को,
था जो तरङ्गों में बहता हुआ,
कल्पना में निरवलम्ब,
पर्यटक एक अटवी का अज्ञात,
पाया किरण-प्रभात—
पथ उज्ज्वल, सहर्ष गति।
केन्द्र दो आ मिले
एक ही तत्त्व के,
सृष्टि के कारण वे,
कविता के काम-बीज।
कौन फिर फिर जाता ?
बँधा हुआ पाश में ही
सोचता जो सुख-मुक्ति कल्पना के मार्ग से,
स्थित भी जो चलता है,
पार करता गिरि-शृङ्ग, सागर-तरङ्ग,
अगम गहन अलङ्घ्य पथ,
लावण्यमय सजल,
खोला सहृदय-स्नेह।

रेखा

आज वह याद है वसन्त,
जब प्रथम दिगन्तश्री
सुरभि धरा के आच्छादित हृदय की,
दान प्रथम हृदय को
था ग्रहण किया हृदय ने;
अज्ञात भावना,
सुख चिर-मिलन का,
हल किया प्रश्न जब सहज एकत्व का
प्राथमिक प्रकृति ने,
उसी दिन कल्पना ने
पाई सजीवता।
प्रथम कनकरेखा प्राची के भाल पर—
प्रथम शृङ्गार स्मित तरुणी वधू का,
नील गगनविस्तार केश,
किरणोज्ज्वल नयन नत,
हेरती पृथ्वी को।

१. २. २७.

आवेदन

(गीत)

फिर सवाँर सितार लो !
बाँध कर फिर ठाट, अपने
अङ्क पर झङ्कार दो !
शब्द के कलि-दल खुलें,
गति-पवन-भर काँप थर-थर
मीड़ - भ्रमरावलि ढुलें,
गीत - परिमल बहे निर्मल,
फिर बहार बहार हो !
स्वप्न ज्यों सज जाय
यह तरी, यह सरित, यह तट,
यह गगन, समुदाय।
कमल-वलयित-सरल-दृग-जल
हार का उपहार हो !

१०. ४. ३७.

तोड़ती पत्थर

वह तोड़ती पत्थर;
देखा उसे मैंने इलाहाबाद के पथ पर—
वह तोड़ती पत्थर।

कोई न छायादार
पेड़ वह जिसके तले बैठी हुई स्वीकार;
श्याम तन, भर बँधा यौवन,
नत नयन, प्रिय-कर्म-रत मन,
गुरु हथौड़ा हाथ,
करती बार बार प्रहार :—
सामने तरु-मालिका अट्टालिका, प्राकार।
चढ़ रही थी धूप;
गर्मियों के दिन,
दिवा का तमतमाता रूप:
उठी झुलसाती हुई लू,
रुई ज्यों जलती हुई भू,

गर्द चिनगीं छा गईं,

प्रायः हुई दुपहर :—

वह तोड़ती पत्थर।

देखते देखा मुझे तो एक बार
उस भवन की ओर देखा, छिन्नतार;
देखकर कोई नहीं,
देखा मुझे उस दृष्टि से
जो मार खा रोई नहीं,
सजा सहज सितार,
सुनी मैंने वह नहीं जो थी सुनी झंकार।
एक छन के बाद वह काँपी सुघर,
ढुलक माथे से गिरे सीकर,
लीन होते कर्म में फिर ज्यों कहा—

'मैं तोड़ती पत्थर।'

४. ४. ३७.

विनय

(गीत)

पथ पर मेरा जीवन भर दो,
बादल हे अनन्त अम्बर के !
बरस सलिल, गति ऊर्मिल कर दो !
तट हों विटप छाँह के, निर्जन,
सस्मित-कलिदल-चुम्बित-जलकण,
शीतल शीतल बहे समीरण,
कूजे द्रुम-विहङ्गगण, वर दो !
दूर ग्राम की कोई वामा
आये मन्दचरण अभिरामा,
उतरे जल में अवसन श्यामा,
अङ्कित उर-छवि सुन्दरतर हो !

२. ७. ३७,

उत्साह

(गीत)

बादल, गरजो !
घेर घेर घोर गगन, धाराधर ओ !
ललित ललित, काले घुँघराले,
बाल कल्पना के-से पाले,
विद्युत- छवि उर में, कवि, नवजीवन वाले !
वज्र छिपा, नूतन कविता
फिर भर दो:—
बादल, गरजो !
विकल विकल, उन्मन थे उन्मन
विश्व के निदाघ के सकल जन,
आये अज्ञात दिशा से अनन्त के घन !
तप्त धरा, जल से फिर
शीतल कर दो :—
बादल, गरजो !

६. ७. ३७

वन-बेला

वर्ष का प्रथम
पृथ्वी के उठे उरोज मञ्जु पर्वत निरुपम
किसलयों बँधे,
पिक-भ्रमर-गुञ्ज भर मुखर प्राण रच रहे सधे
प्रणय के गान,
सुनकर रहसा,
प्रखर से प्रखर तर हुआ तपन-यौवन सहसा;
ऊर्जित, भास्वर
पुलकित शत शत व्याकुल कर भर
चूमता रसा को बार बार चुम्बित दिनकर
क्षोभ से, लोभ से, ममता से,
उत्कण्ठा से, प्रणय के नयन की समता से,
सर्वस्व दान
देकर, लेकर सर्वस्व प्रिया का सुकृत मान।
दाब में ग्रीष्म,
भीष्म से भीष्म बढ़ रहा ताप,

प्रस्वेद, कम्प,
ज्यों ज्यों युग उर में और चाप—
और सुख-झम्प:
निश्वास सघन
पृथ्वी की—बहती लू : निर्जीवन
जड़-चेतन।
यह सान्ध्य समय,
प्रलय का दृश्य भरता अम्बर,
पीताभ, अग्निमय, ज्यों दुर्जय,
निर्धूम, निरभ्र, दिगन्त प्रसर,
कर भस्मी-भूत समस्त विश्व को एक शेष,
उड़ रही धूल, नीचे अदृश्य हो रहा देश।
मैं मन्द-गमन,
घर्माक्त, विरक्त, पार्श्व-दर्शन से खींच नयन,
चल रहा नदीतट को करता मन में विचार—
'हो गया व्यर्थ जीवन,
मैं रण में गया हार !
सोचा न कभी—
अपने भविष्य की रचना पर चल रहे सभी !'

—इस तरह बहुत कुछ।
आया निज इच्छित स्थल पर
बैठा एकान्त देखकर
मर्माहत स्वर भर!
फिर लगा सोचने यथासूत्र—'मैं भी होता
यदि राजपुत्र—मैं क्यों न सदा कलङ्क ढोता,
ये होते—जितने विद्याधर—मेरे अनुचर,
मेरे प्रसाद के लिये विनत-सिर उद्यत-कर;
मैं देता कुछ, रख अधिक, किन्तु जितने पेपर,
सम्मिलित कण्ठ से गाते मेरी कीर्ति अमर,
जीवन - चरित्र
लिख अग्रलेख अथवा, छापते विशाल चित्र।
इतना भी नहीं, लक्षपति का भी यदि कुमार
होता मैं, शिक्षा पाता अरब-समुद्र-पार,
देश की नीति के मेरे पिता परम पण्डित
एकाधिकार रखते भी धन पर, अविचल-चित
होते उग्रतर साम्यवादी, करते प्रचार,
चुनती जनता राष्ट्रपति उन्हें ही सुनिर्धार,
पैसे में दस राष्ट्रीय गीत रच कर उन पर

कुछ लोग बेचते गा गा गर्दभ-मर्दन-स्वर,
हिन्दी-सम्मेलन भी न कभी पीछे को पग
रखता कि अटल साहित्य कहीं यह हो डगमग,
मैं पाता खबर तार से त्वरित समुद्र-पार,
लार्ड के लाड़लों को देता दावत—विहार;
इस तरह खर्च केवल सहस्र पट मास मास
पूरा कर आता लौट योग्य निज पिता पास
वायुयान से, भारत पर रखता चरण-कमल,
पत्रों के प्रतिनिधि-दल में मच जाती हलचल,
दौड़ते सभी, कैमरा हाथ, कहते सत्वर
निज अभिप्राय, मैं सभ्य मान जाता झुक कर,
होता फिर खड़ा इधर को मुख कर कभी उधर,
बीसियों भाव की दृष्टि सतत नीचे ऊपर;
फिर देता दृढ़ सन्देश देश को मर्मान्तिक,
भाषा के बिना न रहती अन्य गन्ध प्रान्तिक,
जितने रूस के भाव, मैं कह जाता अस्थिर,
समझते विचक्षण ही जब वे छपते फिर फिर,
फिर पितासङ्ग
जनता की सेवा का व्रत मैं लेता अभङ्ग,

करता प्रचार
मञ्च पर खड़ा हो, साम्यवाद इतना उदार !
तप तप मस्तक
हो गया सान्ध्य नभ का रक्ताभ दिगन्त-फलक;
खोली आँखें आतुरता से, देखा अमन्द
प्रेयसी के अलक से आती ज्यों स्निग्ध गन्ध,
'आया हूँ मैं तो यहाँ अकेला, रहा बैठ'
सोचा सत्वर,
देखा फिरकर, घिरकर हँसती उपवन-बेला
जीवन में भर :—
यह ताप, त्रास
मस्तक पर लेकर उठी अतल की अतुल साँस,
ज्यों सिद्धि परम
भेदकर कर्म-जीवन के दुस्तर क्लेश, सुषम
आई ऊपर,
जैसे पार कर क्षार सागर
अप्सरा सुघर
सिक्त-तन-केश, शत लहरों पर
काँपती विश्व के चकित दृश्य के दर्शन-शर।

बोला मैं—'बेला, नहीं ध्यान
लोगों का जहाँ, खिली हो बनकर वन्य गान !
जब ताप प्रखर,
लघु प्याले में अतल की सुशीतलता ज्यों भर
तुम करा रही हो यह सुगन्ध की सुरा पान !
लाज से नम्र हो उठा, चला मैं और पास
सहसा बह चली सान्ध्य बेला की सुबातास,
झुक झुक, तन तन, फिर झूम झूम हँस हँस, झकोर,
चिरपरिचित चितवन डाल, सहज मुखड़ा मरोर,
भर मुहुर्मुहुर्, तन-गन्ध विमल बोली बेला—
मैं देती हूँ सर्वस्व, छुओ मत अवहेला
की अपनी स्थिति की जो तुमने, अपवित्र स्पर्श
हो गया तुम्हारा, रुको, दूर से करो दर्श ।'
मैं रुका वहीं,
वह शिखा नवल
आलोक स्निग्ध भर दिखा गई पथ जो उज्वल;
मैंने स्तुति की—'हे वन्य वन्हिकी तन्वि नवल !
कविता में कहाँ खुले ऐसे दुग्धधवल दल ?—

यह अपल स्नेह,—
विश्व के प्रणयि-प्रणयिनियों कर
हार-उर गेह ?—
गति सहज मन्द
यह कहाँ—कहाँ वामालकचुम्बित तुलक गन्ध ?
'केवल आपा खोया, खेला
इस जीवन में,
कह सिहरी तन में वन-वेला।
'कूऊ कू—ऊ' वोली कोयल अन्तिम सुख-स्वर,
'पी कहां' पपीहा-प्रिया मधुर विष गई छहर,
उर बढ़ा आयु
पल्लव-पल्लव को हिला हरित बह गई वायु,
लहरों में कम्प और लेकर उत्सुक सरिता
तैरी, देखतीं तमश्चरिता
छबि बेला की नभ की ताराएँ निरुपमिता,
शत-नयन-दृष्टि
विस्मय में भर कर रही विविध-आलोक-सृष्टि।

भाव में हरा मैं, देख मन्द हँस दी वेला,
बोली अस्फुट स्वर से—'यह जीवन का मेला
चमकता सुघर बाहरी वस्तुओं को लेकर,
त्यों त्यों आत्मा की निधि पावन बनती पत्थर।
बिकती जो कौड़ीमोल
यहाँ होगी कोई इस निर्जन में,
खोजो, यदि हो समतोल
वहाँ कोई, विश्व के नगर-धन में।
है वहाँ मान,
इसलिये बड़ा है एक, शेष छोटे अजान;
पर ज्ञान जहाँ,
देखना—बड़े, छोटे; असमान, समान वहाँ :—
सब सुहृद्‌वर्ग
उनकी आँखों की आभा से दिग्देश स्वर्ग।'
बोला मैं—'यही सत्य, सुन्दर!
नाचतीं वृन्त पर तुम, ऊपर
होता जब उपल-प्रहार प्रखर!
अपनी कविता

तुम रहो एक मेरे उर में
अपनी छबि में शुचि सञ्चरिता।
फिर उषःकाल
मै गया टहलता हुआ, बेल की झुका डाल
तोड़ता फूल कोई ब्राह्मण,
'जाती हूँ मैं', बोली बेला,
जीवन प्रिय के चरणों पर करने को अर्पण :—
देखती रही;
निस्स्वन, प्रभात की वायु वही।

११. ७. ३७.

हताश

(गीत)

जीवन चिरकालिक क्रन्दन।
मेरा अन्तर वज्रकठोर,
देना जी भरसक झकझोर,
मेरे दुख की गहन अन्ध-
तम-निशि न कभी हो भोर,
क्या होगी इतनी उज्वलता--
इतना वन्दन--अभिनन्दन ?
हो मेरी प्रार्थना विफल,
हृदय-कमल-के जितने दल
मुरझायें, जीवन हो म्लान,
शून्य सृष्टि में मेरे प्राण
प्राप्त करें शून्यता सृष्टि की,
मेरा जग हो अन्तर्धान,
तब भी क्या ऐसे ही तम में
अटकेगा जर्जर स्यन्दन ?

२१. १०. २७.

प्याला

(गीत)

मृत्यु-निर्माण प्राण-नश्वर
कौन देता प्याला भर भर ?
मृत्यु की बाधाएँ, बहु द्वन्द
पार कर कर जाते स्वच्छन्द
तरङ्गों में भर अगणित रङ्ग,
जङ्ग जीते, मर हुए अमर।
गीत अनगिनित, नित्य नव छन्द
विविध शृङ्खल, शत मङ्गल-बन्द,
विपुल नव-रस-पुलकित आनन्द
मन्द मृदु झरता है झर झर।
नाचते ग्रह, तारा-मण्डल,
पलक में उठ गिरते प्रतिपल,
धरा घिर घूम रही चञ्चल,
काल-गुणत्रय-भय-रहित समर।

काँपता है वासन्ती वात,
नाचते कुसुम-दशन तरु-पात
प्रात, फिर विधुप्लावित मधु-रात,
पुलकप्लुत आलोड़ित सागर।

२८. ६. १९२५.

गाता हूँ गीत मैं तुम्हें ही सुनाने को

॥ गाता हूँ गीत मैं तुम्हें ही सुनाने को; ॥
भले और बुरे की,
लोकनिन्दा यश-कथा की
नहीं परवाह मुझे;
दास तुम दोनों का
सशक्तिक चरणों में प्रणाम हैं तुम्हारे देव !
पीछे खड़े रहते हो,
इसीलिये हास्य-मुख
देखता हूँ बार बार मुड़ मुड़ कर।
बार बार गाता मैं
भय नहीं खाता कभी,
जन्म और मृत्यु मेरे पैरों पर लोटते हैं।
दया के सागर हो तुम,
दास जन्म-जन्म का तुम्हारा मैं हूँ प्रभो !
॥ क्या गति तुम्हारी, नहीं जानता, ॥
अपनी गति, वह भी नहीं,

कौन चाहता भी है जानने को ?
भुक्ति-मुक्ति-भक्त आदि जितने हैं—
जप-तप-साधन-भजन,
आज्ञा से तुम्हारी मैंने दूर इन्हें कर दिया।
एकमात्र आशा पहचान की ही है लगी,
इससे भी करो पार !
देखते हैं नेत्र ये सारा संसार,
नहीं देखते हैं अपने को,
देखें भी क्यों, कहो,
देखते वे अपना रूप
देख दूसरे का मुख।
नेत्र मेरे तुम्हीं हो,
रूप तुम्हारा ही घट घट में है विद्यमान।
बालकेलि करता हूँ तुम्हारे साथ,
क्रोध करके कभी,
तुमसे किनारा कर दूर चला जाता हूँ;
किन्तु निशाकाल में,
देखता हूँ,
शय्या-शिरोभाग में खड़े तुम चुपचाप,

छलछल आँखें,
हेरते हो मेरे मुख की ओर एक-टक ।
बदल जाता है भाव,
पैरों पड़ता हूँ ।
किन्तु क्षमा नहीं माँगता ,
नहीं करते हो रोष ।
पुत्र हूँ तुम्हारा मैं,
ऐसी प्रगल्भता
और कोई कैसे कहो सहन कर सकता है ?
तुम मेरे प्रभु हो,
प्राण-सखा मेरे तुम ,
कभी देखता हूँ—
"तुम मैं हो, मैं तुम बना,
वाणी तुम, वीणापाणि मेरे कण्ठ में प्रभो,
ऊर्मि से तुम्हारी बह जाते हैं नर-नारी । "
सिन्धुनाद हुङ्कार,
सूर्य-चन्द्र में वचन,
मन्द-मन्द पवन तुम्हारा आलाप है ;
सत्य है यह सब कथा,

किन्तु अति स्थूल भाव मानता तथापि मैं—
तत्त्ववेत्ता का प्रसङ्ग यह है नहीं ।
चन्द्र-सूर्य-ग्रह-तारा,
कोटि-मण्डली-निवास,
धूमकेतू, विद्युत्प्रकाश आदि जो कुछ यह
अन्तहीन महाकाश देखता है मेरा मन,
काम, क्रोध लोभ मोह—
उठती जहाँ से है तरङ्गों की लीला लोल,
विद्या, अविद्या का स्थान,
जन्म-जरा जीवन-मरण सुख-दु:ख द्वन्द्व
केन्द्र जिसका अहम् है,
दोनों भुज—वहिरन्तर,
आसमुद्र-चन्द्रमा,
आतारक-सूर्याकाश,
मन बुद्धि-चित्त-अहङ्कार, देव और यक्ष,
मानव-दानव-गण,
पशु-पक्षी-कृमि-कीट
अणुक-द्व्यणुक जड़-जीव आदि जितने हैं,
देखा, एक समक्षेत्र में हैं सब विद्यमान।

अति स्थूल—अति स्थूल बाह्य यह विकास है
केश जैसे शिर पर।
योजनों तक फैला हुआ
हिम से आच्छादित
मेरु-तट पर है महागिरि,
अभ्रभेदी बहु शृङ्ग
अभ्रहीन नभ में उठे,
दृष्टि झुलसाती हुई हिम की शिलाएँ वे,
विद्युत-विकास से है शतगुण प्रखर ज्योति;
उत्तर अयन में उस
एकीभूत कर की सहस्र ज्योति-रेखाएँ
कोटि-वज्र-सम-खर-कर-धारा जब ढालती हैं,
एक एक शृङ्ग पर
मूर्च्छित हुए-से भुवन-भास्कर हैं दीखते,
गलता है हिम-शृङ्ग
टपकता गुहा में,
घोर नाद करता हुआ
टूट पड़ता है गिरि,
स्वप्न-सम जल-बिम्ब जल में मिल जाता है।

मन की सब वृत्तियाँ एक ही हो जातीं जब,
फैलता है कोटि-सूर्य-निन्दित सत्-चित्-प्रकाश,
गल जाते भानु, शशधर और तारादल,—
विश्व-व्योममण्डल-तलातल-पाताल भी,
ब्रह्माण्ड गोष्पद-समान जान पड़ता है।
दूर जाता है जब मन वाह्यभूमि के,
होता है शान्त धातु,
निश्चल होता है सत्य;
तन्त्रियाँ हृदय की तब ढीली पड़ जाती हैं,
खुल जाते बन्धन समूह, जाते माया-मोह,
गूँजता तुम्हारा अनाहत-नाद जो वहाँ,
सुनता है दास यह भक्तिपूर्वक नतमस्तक,
तत्पर सदा ही वह
पूर्ण करने को जो कुछ भी हो तुम्हारा कार्य।
"मैं ही तब विद्यमान;
प्रलय के समय में जब
ज्ञान-ज्ञेय ज्ञाता-लय
होता है अगणन ब्रह्माण्ड ग्रास करके, यह
ध्वस्त होता संसार

गाता हूँ गीत मैं तुम्हें ही सुनाने को

पार कर जाता है तर्क की सीमा को,
नहीं रह जाता कुछ—सूर्य-चन्द्र-तारा-ग्रह—
महा निर्वाण वह,
नहीं रहते जब कर्म, करण या कारण कुछ,
घोर अन्धकार होता अन्धकार-हृदय में,
मैं ही तब विद्यमान।
"प्रलय के समय में जब
ज्ञान-ज्ञेय ज्ञाता-लय
होता है अगणन-ब्रह्माण्ड-ग्रास करके, यह
ध्वस्त होता संसार,
पार कर जाता है तर्क की सीमा को,
नहीं रह जाता कुछ—सूर्य-चन्द्र-तारा-गृह—
घोर अंधकार होता अंधकार-हृदय में,
दूर होते तीनों गुण,
अथवा वे मिल करके शाँत भाव धरते जब
एकाकार होते सूक्ष्म शुद्ध-परमाणु-काय,
मैं ही तब विद्यमान।
"विकसित फिर होता मैं,
मेरी ही शक्ति धरती पहले विकार-रूप,

आदि वाणी प्रणव-ओंकार ही
बजता महाशून्य-पथ में,
अन्तहीन महाकाश सुनता महानाद-ध्वनि,
कारण-मण्डली की निद्रा छूट जाती है,
अगणित परमाणुओं में प्राण समा जाते हैं,
नर्तनावर्तोच्छ्वास
बड़ी दूर—दूर से
चलते केन्द्र की तरफ,
चेतन पवन है उठाती ऊर्मिमालाएँ
महाभूत-सिन्धु पर,
परमाणुओं के आवर्त घन विकास और
रङ्ग-भङ्ग-पतन-उच्छ्वास-सङ्ग
बहती बड़े वेग से हैं वे तरङ्गराजियाँ,
जिससे अनन्त— वे अनन्त खण्ड उठे हुए
घात-प्रतिघातों से शून्य पथ में दौड़ते—
बन बन रव-मण्डल हैं तारा-ग्रह घूमते,
घूमती यह पृथ्वी भी, मनुष्यों की वास-भूमि।
"मैं ही हूं आदि कवि,
मेरी ही शक्ति के रचना-कौशल में हैं

जड़ और जीव सारे।
मैं ही खेलता हूं शक्ति रूपा निज माया से।
एक, होता अनेक, मैं
देखने के लिये सब अपने स्वरूपों को।
मेरी ही आज्ञा से
बहती इस वेग से है झञ्झा इस पृथ्वी पर,
गरज उठता है मेघ—
अशनि में नाद होता,
मन्द मन्द बहती वायु
मेरे निश्वास के ग्रहण और त्याग से,
हिमकर सुख-हिमकर की धारा जब बहती है,
तरु औ, लताएँ हैं ढकती धरा की देह.
शिशिर से धुले फुल्ल मुख को उठा कर वे
तकते रह जाते हैं
भास्कर को सुमन-वृन्द।" ❀

३. ३. १९२४.

❀ स्वामी विवेकानन्द जी महाराज की "गाइ गीत शुनाते तोमाय" का अनुवाद।

नाचे उस पर श्यामा

फूले फूल सुरभि-व्याकुल अलि
गूँज रहे हैं चारों ओर
जगतीतल में सकल देवता
भरते शशिमृदु हँसी-हिलोर ।
गन्ध-मन्द-गति मलय पवन है
खोल रही स्मृतियों के द्वार,
ललित-तरङ्ग नदी-नद सरसी,
चल-शतदल पर भ्रमर-विहार ।
दूर गुहा में निर्झरिणी की
तान-तरङ्गों का गुन्जार,
स्वरमय किसलय-निलय विहङ्गो
के बजते सुहाग के तार ।
तरुण-चितेरा अरुण बढ़ा कर
स्वर्ण-तूलिका-कर सुकुमार
पट-पृथिवी पर रखता है जब,
कितने वर्णों का आभार

नाचे उस पर श्यामा

धरा-अधर धारण करते हैं,—
रँग के रागों के आकार
देख देख भावुक-जन-मन में
जगते कितने भाव उदार !
गरज रहे हैं मेघ, अशनिका
गूँजा घोर निनाद—प्रमाद,
स्वर्गधराव्यापी सङ्गर का
छाया विकट कटक-उन्माद
अँधकार उद्गीरण करता
अँधकार घन घोर अपार
महाप्रलय की वायु सुनाती
श्वासों में अगणित हुङ्कार
इस पर चमक रही है रक्तिम
विद्युज्ज्वाला वारम्वार
फेनिल लहरें गरज चाहतीं
करना गिरि-शिखरों को पार,
भीम-घोष-गम्भीर, अतल धँस
टलमल करती धरा अधीर,

अनल निकलता छेद भूमितल,
चूर हो रहे अचल-शरीर ।
हैं सुहावने मन्दिर कितने
नील-सलिल सर वीचि-विलास—
वलयित कुवलय, खेल खिलाती
मलय वनज-वन-यौवन-हास ।
बढ़ा रहा है अंगूरों का
हृदय-रुधिर प्याले का प्यार,
फेन-शुभ्र-सिर उठे बुलबुले
मन्द-मन्द करते गुञ्जार ।
बजती है श्रुति-पथ मे वीणा,
तारों की कोमल झङ्कार
ताल-ताल पर चली बढ़ाती
ललित वासना का संसार ।
भावों में क्या जाने कितना
व्रज का प्रकट प्रेम उच्छ्वास,
आँसू ढलते, विरह-ताप से
तप्त गोपिकाओं के श्वास;

नाचे उस पर श्यामा

नीरज-नील नयन, बिम्बाधर
जिस युवती के अति सुकुमार;
उमड़ रहा जिसकी आँखों पर
मृदु भावों का पारावार,
बढ़ा हाथ दोनों मिलने को
चलती प्रकट प्रेम-अभिसार,
प्राण-पखेरू, प्रेम-पींजरा,
बन्द, बन्द है उसका द्वार !
भेरी झररर-झरर, दमामें,
घोर नकारों की है चोप,
कड़-कड़-कड़ सन्-सन् बन्दूकें,
अररर अररर अररर तोप,
धूम—धूम है भीम रणस्थल,
शत-शत ज्वालामुखियाँ घोर
आग उगलतीं, दहक दहक दह
कँपा रहीं भू—नभ के छोर।
फटते, लगते है छाती पर
घाती गोले सौ-सौ बार,

उड़ जाते हैं कितने हाथी,
कितने घोड़े और सवार।
थर-थर पृथ्वी थर्राती है,
लाखों घोड़े कस तैयार
करते, चढ़ते, बढ़ते-अड़ते
झुक पड़ते हैं वीर जुझार।
भेद धूम-तल—अनल, प्रबल दल
चीर गोलियों की बौछार,
धँस गोलों-ओलों में लाते
छीन तोप कर बेड़ी मार;
आगे आगे फहराती है
ध्वजा वीरता की पहचान,
झरती धारा—रुधिर दण्ड में
अड़े पड़े पर वीर जवान;
साथ साथ पैदल-दल चलता,
रण-मद-मतवाले सब वीर,
छुटी पताका, गिरा वीर जब,
लेता पकड़ अपर रणधीर,

नाचे उस पर श्यामा

पटे खेत अगणित लाशों से
कटे हज़ारों वीर जवान,
डटे लाश पर पैर जमाये,
हटे न वीर छोड़ मैदान।
देह चाहता है सुख-सङ्गम,
चित्त-विहङ्गम स्वर-मधु-धार,
हँसी-हिंडोला झूल चाहता
मन जाना दुख-सागर-पार!
हिम-शशाङ्क का किरण-अङ्ग-सुख
कहो, कौन जो देगा छोड़—
तपन-तप्त-मध्याह्न-प्रखरता
से नाता जो लेगा जोड़?
चण्ड दिवाकर ही तो भरता
शशधर में कर-कोमल-प्राण,
किन्तु कलाधर को ही देता
सारा विश्व प्रेम-सम्मान!
सुख के हेतु सभी हैं पागल,
दुख से किस पामर का प्यार?

सुख में है दुख, गरल अमृत में,
देखो, बता रहा संसार।
सुख-दुख का यह निरा हलाहल
भरा कण्ठ तक सदा अधीर,
रोते मानव, पर आशा का
नहीं छोड़ते चञ्चल चीर !
रुद्र रूप से सब डरते हैं,
देख देख भरते हैं आह,
मृत्युरूपिणी मुक्तकुन्तला
माँ की नहीं किसी को चाह !
उष्णधार उद्गार रुधिर का
करती है जो बारम्बार,
भीम भुजा की, बीन छीनती,
वह जंगी नंगी तलवार।
मृत्यु-स्वरूपे माँ, है तू ही
सत्य-स्वरूपा, सत्याधार,
काली, सुख-वनमाली तेरी
माया छाया का संसार !
अये—कालिके, माँ करालिके,

नाचे उस पर श्यामा

शीघ्र मर्म का कर उच्छेद,
इस शरीर का प्रेम-भाव, यह
सुख-सपना, माया, कर भेद !
तुझे मुण्डमाला पहनाते,
फिर भय खाते तकते लोग,
'दयामयी' कह कह चिल्लाते,
माँ, दुनिया का देखा ढोंग !
प्राण काँपते अट्टहास सुन
दिगम्बरा का लख उल्लास,
अरे भयातुर; असुर विजयिनी
कह रह जाता, खाता त्रास !
मुँह से कहता है, देखेगा,
पर माँ, जब आता है काल,
कहाँ भाग जाता भय खाकर
तेरा देख वदन विकराल !
माँ, तू मृत्यु घूमती रहती,
उत्कट व्याधि, रोग बलवान्,
भर विष-घड़े, पिलाती है तू
घूँट जहर के लेती प्राण ।

रे उन्माद ! भुलाता है तू
अपने को, न फिराता दृष्टि
पीछे भय से, कहीं देख तू
भीमा महाप्रलय की सृष्टि।
दुख चाहता; बता; इसमें क्या
भरी नहीं है सुख की प्यास ?
तेरी भक्ति और पूजा में
चलती स्वार्थ-सिद्ध की साँस।
छाग-कण्ठ की रुधिर-धार से
सहम रहा तू, भय-सञ्चार !
अरे कापुरुष, बना दया का
तू आधार !—धन्य व्यवहार !
फोड़ो वीणा, प्रेम-सुधा का
पीना छोड़ो, तोड़ो, वीर,
दृढ़ आकर्षण है जिसमें उस
नारी-माया की जञ्जीर।
बढ़ जाओ तुम जलधि-ऊर्मि-से
गरज गरज गाओ निज गान,
आँसू पीकर जीना, जाये
देह, हथेली पर लो जान।

नाचे उस पर श्यामा

जागो वीर ! सदा ही सर पर
काट रहा है चक्कर काल,
छोड़ो अपने सपने, भय क्यों,
काटो, काटो यह भ्रम-जाल ।
दुःख-भार इस भव के ईश्वर,
जिनके मन्दिर का दृढ़ द्वार
जलती हुई चिताओं में है
प्रेत-पिशाचों का आगार;
सदा घोर संग्राम छेड़ना
उनकी पूजा के उपचार,
वीर ! डराये कभी न, आये
अगर पराजय सौ-सौ बार ।
चूर-चूर हो स्वार्थ, साध, सब
मान, हृदय हो महाश्मशान,
नाचे उसपर श्यामा, घन रण
में लेकर निज भीम कृपाण ।❀

०२. ४. १९२४.

❀ स्वामी विवेकानन्दजी महाराज की सुविख्यात रचना 'नाचुक ताहाते श्यामा' का अनुवाद । स्वामीजी ने इसमें कोमल और कठोर भावों की वर्णना द्वारा कठोरता की सिद्धि दिखलाई है ।

हिन्दी के सुमनों के प्रति पत्र

मैं जीर्ण-साज बहु-छिद्र आज,
तुम सुदल सुरङ्ग सुवास सुमन
मैं हूँ केवल पदतल—आसन,
तुम सहज बिराजे महाराज।
ईर्ष्या कुछ नहीं मुझे, यद्यपि
मैं ही वसन्त का अग्रदूत,
ब्राह्मण-समाज में ज्यों अछूत
मैं रहा आज यदि पार्श्वच्छबि।
तुम मध्य भाग के, महाभाग!—
तरु के उर के गौरव प्रशस्त
मैं पढ़ा जा चुका पत्र, न्यस्त
तुम अलि के नव रस-रङ्ग-राग।
देखो, पर, क्या पाते तुम "फल"
देगा जो भिन्न स्वाद रस भर,
कर पार तुम्हारा भी अन्तर
निकलेगा जो तरु का सम्बल।

नायाब चीज़
या तुम बाँध कर रँगा धागा;
फल के भी उर का, कटु, त्यागा,
मेरा आलोचक एक बीज।

६. ८. १९३७.

उक्ति

कुछ न हुआ, न हो
मुझे विश्व का सुख, श्री, यदि केवल
पास तुम रहो !
मेरे नभ के बादल यदि न कटे—
चन्द्र रह गया ढका,
तिमिर-रात को तिरकर यदि न अटे
लेश गगन-भास का,
रहेंगे अधर हँसते, पथ पर, तुम
हाथ यदि गहो।
बहु-रस साहित्य विपुल यदि न पढ़ा—
मन्द सबों ने कहा,
मेरा काव्यानुमान यदि न बढ़ा—
ज्ञान, जहाँ का रहा,
रहे, समझ है मुझमें पूरी, तुम
कथा यदि कहो।

७. ८. १९३७.

———

सरोज-स्मृति

ऊनविंश पर जो प्रथम चरण
तेरा वह जीवन-सिन्धु-तरण ;
तनये, ली कर दृक्पात तरुण
जनक से जन्म की विदा अरुण !
गीते मेरी, तज रूप-नाम
वर लिया अमर शाश्वत विराम
पूरे कर शुचितर सपर्याय
जीवन के अष्टादशाध्याय,
चढ़ मृत्यु-तरणि पर तूर्ण-चरण
कह—"पितः, पूर्ण-आलोक-वरण
करती हूँ मैं, यह नहीं मरण,
'सरोज' का ज्योतिःशरण—तरण"—
अशब्द अधरों का सुना भाष,
मैं कवि हूँ, पाया है प्रकाश
मैंने कुछ, अहरह रह निर्भर
ज्योतिस्तरणा के चरणों पर ।

जीवित-कविते, शत-शर-जर्जर
छोड़ कर पिता को पृथ्वी पर
तू गई स्वर्ग, क्या यह विचार—
जब पिता करेंगे मार्ग पार
यह, अक्षम अति, तब मैं सक्षम,
तारूँगी कर गह दुस्तर तम ?"—
कहता तेरा प्रयाण सविनय,—
कोई न अन्य था भावोदय।
श्रावण-नभ का स्तब्धान्धकार
शुक्ला प्रथमा, कर गई पार !
धन्ये, मैं पिता निरर्थक था,
कुछ भी तेरे हित न कर सका।
जाना तो अर्थागमोपाय,
पर रहा सदा संकुचित-काय
लख कर अनर्थ आर्थिक पथ पर
हारता रहा मैं स्वार्थ-समर।
शुचिते, पहनाकर चीनांशुक
रख सका न तुझे अतः दधिमुख।

क्षीण का न छीना कभी अन्न,
मैं लख न सका वे दृग विपन्न:
अपने आँसूओं अतः बिम्बित
देखे हैं अपने ही मुख-चित।
सोचा है नत हो बार बार—
"यह हिन्दी का स्नेहोपहार,
यह नहीं हार मेरी, भास्वर
यह रत्नहार—लोकोत्तर वर!"—
अन्यथा, जहाँ है भाव शुद्ध
साहित्य-कला-कौशल-प्रबुद्ध,
हैं दिये हुए मेरे प्रमाण
कुछ वहाँ, प्राप्ति को समाधान
पार्श्व में अन्य रख कुशल हस्त
गद्य में पद्य में समाभ्यस्त।—
देखें वे; हँसते हुए प्रवर,
जो रहे देखते सदा समर,
एक साथ जब शत घात घूर्ण
आते थे मुझ पर तुले तूर्ण,

देखता रहा मैं खड़ा अपल
वह शर-क्षेप, वह रण-कौशल।
व्यक्त हो चुका चीत्कारोत्कल
क्रुद्ध युद्ध का रुद्ध-कण्ठ फल।
और भी फलित होगी वह छवि,
जागे जीवन-जीवन का रवि,
ले कर-कर कल तूलिका कला,
देखो क्या रँग भरती विमला,
वाञ्छित उस किस लाञ्छित छवि पर
फेरती स्नेह की कूची भर।
अस्तु मैं उपार्जन को अक्षम
कर नहीं सका पोषण उत्तम
कुछ दिन को, जब तू रही साथ,
अपने गौरव से झुका माथ,
पुत्री भी, पिता-गेह में स्थिर,
छोड़ने के प्रथम जीर्ण अजिर।
आँसुओं सजल दृष्टि की छलक
पूरी न हुई जो रही कलक

प्राणों की प्राणों में दब कर
कहती लघु-लघु उसाँस में भर :
समझता हुआ मैं रहा देख,
हटती भी पथ पर दृष्टि टेक।
तू सवा सालकी जब कोमल,
पहचान रही ज्ञान में चपल
माँ का मुख, हो चुम्बित क्षण-क्षण,
भरती जीवन में नव जीवन,
वह चरित पूर्ण कर गई चली,
तू नानी की गोद जा पली।
सब किये वहीं कौतुक-विनोद
उस घर निशि-वासर भरे मोद;
खाई भाई की मार, विकल
रोई उत्पल-दल-दृग-छलछल,
चुमकारा फिर उसने निहार,
फिर गङ्गा-तट-सैकत-विहार
करने को लेकर साथ चला,
तू गहकर चली हाथ चपला;

आँसुओं-धुला मुख हासोच्छल,
लखती प्रसार वह ऊर्मि-धवल।
तब भी मैं इसी तरह समस्त
कवि-जीवन में व्यर्थ भी व्यस्त
लिखता अबाध-गति मुक्त छन्द,
पर सम्पादकगण निरानन्द
वापस कर देते पढ़ सत्वर
रो एक-पंक्ति-दो में उत्तर।
लौटी रचना लेकर उदास
ताकता हुआ मैं दिशाकाश
बैठा प्रान्तर में दीर्घ प्रहर
व्यतीत करता था गुन-गुनकर
सम्पादक के गुण; यथाभ्यास
पास की नोंचता हुआ घास
अज्ञात फेंकता इधर-उधर
भाव की चढ़ी पूजा उन पर।
याद है, दिवस की प्रथम धूप
थी पड़ी हुई तुझपर सुरूप,

खेलती हुई तू परी चपल,
मैं दूरस्थित प्रवास से चल
दो वर्ष बाद, होकर उत्सुक
देखने के लिये अपने मुख
था गया हुआ, बैठा बाहर
आँगन में फाटक के भीतर,
मोढ़े पर, ले कुण्डली हाथ
अपने जीवन की दीर्घ-गाथ।
पढ़ लिखे हुये शुभ दो विवाह
हँसता था, मन में बढ़ी चाह
खण्डित करने को भाग्य-अङ्क,
देखा भविष्य के प्रति अशङ्क।
इससे पहले आत्मीय स्वजन
सस्नेह कह चुके थे, जीवन
सुखमय होगा, विवाह कर लो
जो पढ़ीलिखी हो—सुन्दर हो।
आये ऐसे अनेक परिणय,
पर बिदा किया मैंने सविनय

सब को, जो अड़े प्रार्थना भर
नयनों में, पाने को उत्तर
अनुकूल, उन्हें जब कहा निडर—
"मैं हूँ मङ्गली," मुड़े सुनकर।
इस बार एक आया विवाह
जो किसी तरह भी हतोत्साह
होने को न था, पड़ी अड़चन,
आया मन में भर आकर्षण
उन नयनों का, सासु ने कहा—
"वे बड़े भले जन हैं, भैय्या,
एन्ट्रेन्स पास है लड़की वह,
बोले मुझसे, 'छब्बिस ही तो
वर की है उम्र, ठीक ही है,
लड़की भी अट्ठारह की है।'
फिर हाथ जोड़ने लगे, कहा,
'वे नहीं कर रहे ब्याह, अहा,
हैं सुधरे हुए बड़े सज्जन!
अच्छे कवि, अच्छे विद्वज्जन!

हैं बड़े नाम उनके ! शिक्षित
लड़की भी रूपवती; समुचित
आपको यही होगा कि कहें
हर तरह उन्हें; बर सुखी रहें।'
आयेंगे कल।" दृष्टि थी शिथिल,
आई पुतली तू खिल-खिल-खिल
हँसती, मैं हुआ पुनः चेतन
सोचता हुआ विवाह-बन्धन।
कुण्डली दिखा बोला—"ए—लो"
आई तू, दिया, कहा, "खेलो !"
कर स्नान-शेष, उन्मुक्त-केश
सासुजी रहस्य-स्मित सुवेश
आईं करने को बातचीत
जो कल होनेवाली, अजीत,
सङ्केत किया मैंने अखिन्न
जिस ओर कुण्डली छिन्न-भिन्न,
देखने लगीं वे विस्मय भर
तू बैठी सञ्चित टुकड़ों पर।

धीरे धीरे फिर बढ़ा चरण,
बाल्य की केलियों का प्राङ्गण
कर पार, कुञ्ज-तारुण्य सुघर
आई, लावण्य-भार थर-थर
काँपा कोमलता पर सस्वर
ज्यों मालकौश नव वीणा पर :
नैश स्वप्न ज्यों तू मन्द मन्द
फूटी ऊषा जागरण छन्द,
काँपी भर निज आलोक-भार,
काँपा वन, काँपा दिक प्रसार।
परिचय-परिचय पर खिला सकल—
नभ, पृथ्वी, द्रुम, कलि, किसलय दल।
क्या दृष्टि! अतल की सिक्त-धार
ज्यों भोगावती उठी अपार,
उमड़ता ऊर्ध्व को कल सलील
जल टलमल करता नील नील,
पर बँधा देह के दिव्य बाँध,
छलकता दृगों से साध साध।

फूटा कैसा प्रिय कण्ठ-स्वर
माँ की मधुरिमा व्यञ्जना भर
हर पिता-कण्ठ की दृप्त-धार
उत्कलित रागिनी की बहार !
बन जन्मसिद्ध गायिका, तन्वि,
मेरे स्वर की रागिनी वन्हि
साकार हुई दृष्टि में सुधर,
समझा मैं क्या संस्कार प्रखर।
शिक्षा के बिना बना वह स्वर
है, सुना न अबतक पृथ्वी पर !
जाना बस, पिक—बालिका प्रथम
पल अन्य नीड़ में जब सक्षम
होती उड़ने को, अपना स्वर
भर करती ध्वनित मौन प्रान्तर।
तू खिंची दृष्टि में मेरी छवि,
जागा उरमें तेरा प्रिय कवि,
उन्मनन-गुञ्ज सज हिला कुञ्ज
तरु-पल्लव-कलिदल पुञ्ज-पुञ्ज
बह चली एक अज्ञात वात

चूमती केश—मृदु नवल गात,
देखती सकल निष्पलक-नयन
तू, समझा मैं तेरा जीवन।
सासु ने कहा लख एक दिवस;—
"भैया अब नहीं हमारा बस,
पालना-पोसना रहा काम,
देना 'सरोज' को धन्य-धाम,
शुचि वर के कर, कुलीन लखकर,
है काम तुम्हारा धर्मोत्तर;
अब कुछ दिन इसे साथ लेकर
अपने घर रहो, ढूँढ़कर बर
जो योग्य तुम्हारे, करो ब्याह
होंगे सहाय हम सहोत्साह।
सुनकर, गुनकर चुपचाप रहा,
कुछ भी न कहा,—न अहो, न अहा;
ले चला साथ मैं तुझे कनक
ज्यों भिक्षुक लेकर, स्वर्ण-झनक
अपने जीवन की, प्रभा विमल
ले आया निज गृह-छाया-तल।

सोचा मन मे हत बार बार—
"ये कान्यकुब्ज-कुल कुलाङ्गार;
खाकर पत्तल में करे छेद,
इनके कर कन्या, अर्थ खेद,
इस विषय-बेलि में विष ही फल,
यह दग्ध मरुस्थल—नहीं सुजल।"
फिर सोचा—"मेरे पूर्वजगण
गुजरे जिस राह, वही शोभन
होगा मुझको, यह लोक-रीति
कर दूँ पूरी, गो नहीं भीति
कुछ मुझे तोड़ते गत विचार;
पर पूर्ण रूप प्राचीन भार
ढोते मैं हूँ अक्षम; निश्चय
आयेगी मुझमे नहीं विनय
उतनी जो रेखा करे पार
सौहार्द-बन्ध की, निराधार।
वे जो यमुना के-से कछार
पद फटे बिवाई के, उधार

खाये के मुख ज्यों, पिये तेल
चमरौधे जूते से सकेल
निकले, जी लेते, घोर-गन्ध,
उन चरणों को मैं यथा अन्ध,
कल घ्राण-प्राण से रहित व्यक्ति
हो पूजूँ, ऐसी नहीं शक्ति।
ऐसे शिव से गिरिजा-विवाह
करने की मुझको नहीं चाह।"
फिर आई याद—"मुझे सज्जन
है मिला प्रथम ही विद्वज्जन
नवयुवक एक, सत्साहित्यिक,
कुल कान्यकुब्ज, यह नैमित्तिक
होगा कोई इङ्गित अदृश्य,
मेरे हित है हित यही स्पृश्य
अभिनन्दनीय।" बँध गया भाव,
खुल गया हृदय का स्नेह-स्राव,
खत लिखा, बुला भेजा तत्क्षण,
युवक भी मिला प्रफुल्ल, चेतन।

बोला मैं—"मैं हूँ रिक्त-हस्त
इस समय, विवेचन में समस्त—
जो कुछ है मेरा अपना धन
पूर्वज से मिला, करूँ अर्पण
यदि महाजनों को तो विवाह
कर सकता हूँ, पर नहीं चाह
मेरी ऐसी, दहेज देकर
मैं मूर्ख बनूँ, यह नहीं सुघर,
बारात बुलाकर मिथ्या-व्यय
मैं करूँ, नहीं ऐसा सुसमय।
तुम करो ब्याह, तोड़ता नियम
मैं सामाजिक योग के प्रथम,
लग्न के; पढ़ूँगा स्वयं मन्त्र
यदि पण्डित जी होंगे स्वतन्त्र।
जो कुछ मेरे, वह कन्या का,
निश्चय समझो, कुल धन्या का।
आये पण्डित जी, प्रजावर्ग,
आमन्त्रित साहित्यिक, ससर्ग

देखा विवाह आमूल नवल,
तुझ पर शुभ पड़ा कलश का जल।
देखती मुझे तू, हँसी मन्द,
होठों में बिजली फँसी, स्पन्द
उर में भर झूली छबि सुन्दर,
प्रिय की अशब्द शृङ्गार-मुखर
तू खुली एक-उच्छ्वास-सङ्ग,
विश्वास-स्तब्ध बँध अङ्ग-अङ्ग,
नत नयनों से आलोक उतर
काँपा अधरों पर थर-थर-थर।
देखा मैंने, वह मूर्ति-धीति
मेरे वसन्त की प्रथम गीति—
शृङ्गार, रहा जो निराकार,
रस कविता में उच्छ्वसित-धार
गाया स्वर्गीया-प्रिया-सङ्ग—
भरता प्राणों में राग-रङ्ग,
रति-रूप प्राप्त कर रहा वही,
आकाश बदल कर बना मही।

हो गया ब्याह आत्मीय स्वजन
कोई थे नहीं, न आमन्त्रण
था भेजा गया, विवाह-राग
भर रहा न घर निशि-दिवस जाग;
प्रिय मौन एक सङ्गीत भरा
नव जीवन के स्वर पर उतरा।
माँ की कुल शिक्षा मैंने दी,
पुष्प-सेज तेरी स्वयं रची,
सोचा मन में, "वह शकुन्तला,
पर पाठ अन्य यह अन्य कला।"
कुछ दिन रह गृह तू फिर समोद,
बैठी नानी की स्नेह-गोद।
मामा-मामी का रहा प्यार,
भर जलद धरा को ज्यों, अपार,
वे ही सुख-दुख में रहे न्यस्त,
तेरे हित सदा समस्त, व्यस्त;
वह लता वहीं की, जहाँ कली
तू खिली, स्नेह से हिली, पली,

अन्त भी उसी गोद में शरण
ली, मूँदे दृग वर महामरण !
मुझ भाग्यहीन की तू सम्बल
युग वर्ष बाद जब हुई विकल,
दुख ही जीवन की कथा रही,
क्या कहूँ आज, जो नहीं कही !
हो इसी कर्म पर वज्रपात
यदि धर्म, रहे नत सदा माथ
इस पथ पर, मेरे कार्य सकल
हो भ्रष्ट शीत के-से शतदल !
कन्ये, गत कर्मों का अर्पण
कर, करता मैं तेरा तर्पण !

९. १०. ३५.

मरण-दृश्य

(गीत)

॥ कहा जो न, कहो ! ॥

नित्य-नूतन, प्राण, अपने
गान रच-रच दो !

विश्व सीमाहीन;
बाँधती जातीं मुझे कर कर
व्यथा से दीन !
कह रही हो—"दुःख की विधि—
यह तुम्हें ला दी नई निधि,
विहग के वे पङ्ख बदले,—
किया जल का मीन;
मुक्त अम्बर गया, अब हो
जलधि-जीवन को !"

सकल साभिप्राय;
समझ पाया था नहीं मैं,
थी तभी यह हाय !

दिये थे जो स्नेह-चुम्बन,
आज प्याले गरल के घन;
कह रही हो हँस—"पियो, प्रिय,
पियो, प्रिय, निरुपाय !
मुक्ति हूँ मैं, मृत्यु में
आई हुई, न डरो !"

५. १. ३८.

मुक्ति

(गीत)

तोड़ो, तोड़ो, तोड़ो कारा
पत्थर की, निकलो फिर,
गङ्गा-जल-धारा !
गृह-गृह की पार्वती !
पुनः सत्य-सुन्दर-शिव को सँवारती
उर-उर की बनो आरती !—
भ्रान्तों की निश्चल ध्रुव-तारा !—
तोड़ो, तोड़ो, तोड़ो कारा !

६. १. ३८.

खुला आसमान

(गीत)

बहुत दिनों बाद खुला आसमान।
निकली है धूप, हुआ खुश जहान।
दिखीं दिशाएँ, झलके पेड़,
चरने को चले ढोर—गाय-भैंस-भेड़,
खेलने लगे लड़के छेड़-छेड़—
लड़कियाँ घरों को कर भासमान।
लोग गाँव-गाँव को चले,
कोई बाजार, कोई बरगद के पेड़ के तले
जाँघिया-लँगोटा ले, सँभले,
तगड़े-तगड़े सीधे नौजवान।
पनघट में बड़ी भीड़ हो रही,
नहीं ख्याल आज कि भीगेगी चूनरी,
बातें करती हैं वे सब खड़ी,
चलते हैं नयनों के सधे बान।

-६. १. ३८.

ठूँठ

ठूँठ यह है आज !
गई इसकी कला,
गया है सकल साज !
अब यह वसन्त से होता नहीं अधीर,
पल्लवित झुकता नहीं अब यह धनुष-सा,
कुसुम से काम के चलते नहीं हैं तीर,
छाँह में बैठते नहीं पथिक आह भर,
झरते नहीं यहाँ दो प्रणयियों के नयन-नीर,
केवल वृद्ध विहग एक बैठता कुछ कर याद !

३१. १. ३७.

कविता के प्रति

ऐ, कहो,
मौन मत रहो !
सेवक इतने कवि हैं—इतना उपचार—
लिये हुए हैं दैनिक सेवा का भार;
धूप, दीप, चन्दन, जल,
गन्ध-सुमन, दूर्वादल,
राग-भोग, पाठ-विमल मन्त्र,
पटु-करतल-गत मृदङ्ग,
चपल नृत्य, विविध भङ्ग,
वीणा-वादित सुरङ्ग तन्त्र।
गूँज रहा मन्दर-मन्दिर का दृढ़ द्वार,
वहाँ सर्व-विषय-हीन दीन नमस्कार
दिया भू-पतित हो जिसने क्या वह भी कवि ?
सत्य कहो, सत्य कहो, बहु जीवन की छवि !
पहनाये ज्योतिर्मय, जलधि-जलद-भास
अथवा हिल्लोल-हरित-प्रकृति-परित वास,

मुक्ता के हार हृदय,
कर्ण कीर्ण हीरक-द्वय,
हाथ हस्ति-दन्त-वलय मणिमय,
चरण स्वर्ण-नूपुर कल,
जपालक्त श्रीपद्तल,
आसन शत-श्वेतोत्पल-सञ्चय।
धन्य धन्य कहते हैं जग-जन मन हार,
वहाँ एक दीन-हृदय ने दुर्वह भार—
'मेरे कुछ भी नहीं'—कह जो अर्पित किया,
कहो, विश्ववन्दिते, उसने भी कुछ दिया ?
कितने वन-उपवन-उद्यान कुसुम-कलि-सजे
निरुपमिते, सहज-भार-चरण-चार से लजे;
गईं चन्द्र-सूर्य-लोक,
ग्रह-ग्रह-प्रति गति अरोक,
नयनों के नवालोक से खिले
चित्रित वहु धवल धाम
अलका के-से विराग
सिहरे ज्यों चरण वाम जब मिले

हुए कृती कवितात्रत राजकविसमूह,
किन्तु जहाँ पथ-बीहड़ कण्टक-गढ़-व्यूह,
कवि कुरूप, बुला रहा वन्यद्वार थाम,
कहो, वहाँ भी जाने को होते प्राण ?
कितने वे भाव रसस्राव पुराने-नये
संस्तृति की सीमा के अपर पार जो गये,
गढ़ा इन्हीं से यह तन,
दिया इन्हीं से जीवन,
देखे हैं स्फुरित नयन इन्हीं से,
कवियों ने परम कान्ति
दी जग को चरम शान्ति,
की अपनी दूर भ्रान्ति इन्हीं से।
होगा इन भावों से हुआ तुम्हारा जीवन,
कमी नहीं रही कहीं कोई—कहते सब जन,
किन्तु वहीं जिसके आँसू निकले—हृदय हिला,—
कुछ न बना, कहो, कहो, उससे क्या भाव मिला ?

१७. २. ३७.

अपराजिता

(गीत)

हारीं नहीं, देख, आँखें—
परी-नागरी की :
नभ कर गईं पार पाखें—
परी-नागरी की।
तिल नीलिमा को रहे स्नेह से भर
जगकर नई ज्योति उतरी धरा पर,
रँग से भरी हैं, हरी हो उठीं हर
तरु की तरुण-तान शाखें :
परी-नागरी की—
हारीं नहीं, देख, आँखें।

२. २. ३८.

———

वसन्त की परी के प्रति

(गीत)

आओ, आओ फिर, मेरे वसन्त की परी—
छवि-विभावरी;
सिहरो, स्वर से भर भर, अम्बर की सुन्दरी—
छवि-विभावरी !
बहे फिर चपल ध्वनि-कलकल तरङ्ग,
तरल मुक्त नव नव छल के प्रसङ्ग,
पूरित-परिमल निर्मल सजल-अङ्ग,
शीतल-मुख मेरे तट की निस्तल निझरी—
छवि-विभावरी !
निर्जन ज्योत्स्नाचुम्बित वन सघन,
सहज समीरण, कली निरावरण
आलिङ्गन दे उभार दे मन,
तिरे नृत्य करती मेरी छोटी सी तरी—
छवि-विभावरी !

आई है फिर मेरी 'बेला' की यह वेला,
'जुही की कली' की प्रियतम से परिणय-हेला,
तुमसे मेरी निर्जन बातें—सुमिलन मेला,
कितने भावों से हर जब हो मन पर विहरी—
छवि-विभावरी।

२६. २. ३८.

वे किसान की नई बहू की आँखें

नहीं जानतीं जो अपने को खिली हुई—
विश्व-विभव से मिली हुई,—
नहीं जानतीं सम्राज्ञी अपने को,—
नहीं कर सकीं सत्य कभी सपने को,
वे किसान की नई बहू की आँखें
ज्यों हरीतिमा में बैठे दो विहग बन्द कर पाँखें;
वे केवल निर्जन के दिशाकाश की,
प्रियतम के प्राणों के पास—हास की,
भीरु पकड़ जाने को हैं दुनियाँ के कर से--
बढ़े क्यों न वह पुलकित हो कैसे भी वर से।

१. ३. ३८.

प्राप्ति

(गीत)

तुम्हे खोजता था मै,
पा नहीं सका,
हवा बन बहीं तुम, जब
मैं थका, रुका।
मुझे भर लिया तुमने गोद में,
कितने चुम्बन दिये,
मेरे मानव-मनोविनोद मे
नैसर्गिकता लिये;
सूखे श्रम-सीकर वे
छबि के निर्झर झरे नयनों से,
शक्त शिराएं हुईं रक्त-वाह ले,
मिलीं—तुम मिलीं, अन्तर कह उठा
जब थका, रुका।

१. २. ३८

राम की शक्ति-पूजा

रवि हुआ अस्त : ज्योति के पत्र में लिखा अमर
रह गया राम-रावण का अपराजेय समर
आज का, तीक्ष्ण-शर-विधृत-क्षिप्र-कर, वेग-प्रखर,
शतशेलसम्वरणशील, नीलनभ-गर्ज्जित-स्वर,
प्रतिपल-परिवर्तित व्यूह,—भेद-कौशल समूह,—
राक्षस-विरुद्ध प्रत्यूह,—क्रुद्ध-कपि-विषम-हूह,
विच्छुरितवन्हि-राजीवनयन-हत-लक्ष्य बाण,
लोहितलोचन-रावण-मदमोचन-महीयान,
राघव-लाघव—रावण-वारण—गत-युग्म-प्रहर,
उद्धत-लङ्कापति-मर्द्दित-कपि-दल-वल-विस्तर,
अनिमेष-राम—विश्वजिद्दिव्य-शर-भङ्ग-भाव,—
विद्धाङ्ग—बद्ध-कोदण्ड-मुष्टि—खर-रुधिर-स्राव,
रावण-प्रहार-दुर्वार-विकल-वानर-दल-बल,—
मूर्च्छित-सुग्रीवाङ्गद-भीषण-गवाक्ष-गय-नल,—
वारित-सौमित्रि भल्लपति—अगणित-मल्ल-रोध,
गर्जित-प्रलयाब्धि-क्षुब्ध-हनुमत्-केवल-प्रबोध,

उद्‌गीरित-वन्हि-भीम-पर्वत-कपि-चतुः प्रहर,—
जानकी-भीरु-उर—आशाभर—रावण-सम्वर ।
लौटे युग दल । राक्षस-पदतल पृथ्वी टलमल,
बिंध महोल्लास से बार-बार आकाश विकल ।
वानर-वाहिनी खिन्न, लख निज-पति-चरण-चिह्न
चल रही शिविर की ओर स्थविर-दल ज्यों विभिन्न;
प्रशमित है वातावरण; नमित मुख सान्ध्य कमल
लक्ष्मण चिन्ता-पल पीछे वानर-वीर सकल;
रघुनायक आगे अवनी पर नवनीत-चरण,
श्लथ धनु-गुण है, कटि-बन्ध स्रस्त—तूणीर-धरण,
दृढ़ जटा-मुकुट हो विपर्यस्त प्रतिलट से खुल
फैला पृष्ठ पर, बाहुओं पर, वक्ष पर, विपुल
उतरा ज्यों दुर्गम पर्वत पर नैशान्धकार,
चमकतीं दूर ताराएँ ज्यों हो कहीं पार ।
आये सब शिविर, सानु पर पर्वत के, मन्थर,
सुग्रीव, विभीषण, जाम्बवान आदिक वानर
सेनापति दल-विशेष के, अङ्गद, हनूमान,
नल, नील, गवाक्ष, प्रात के रण का समाधान

करने के लिये, फेर वानर-दल आश्रय - स्थल।
बैठे रघु-कुल-मणि श्वेत शिला पर; निर्मल जल
ले आये कर-पद-क्षालनार्थ पटु हनूमान;
अन्य वीर सर के गये तीर सन्ध्या-विधान—
वन्दना ईश की करने को, लौटे सत्वर,
सब घेर राम को बैठे आज्ञा को तत्पर;
पीछे लक्ष्मण, सामने विभीषण, भल्लधीर,
सुग्रीव, प्रान्त पर पाद-पद्म के, महावीर;
यूथपति अन्य जो, यथास्थान, हो निर्निमेष।
देखते राम का जित-सरोज-मुख-श्याम-देश।
है अमानिशा; उगलता गगन घन अन्धकार;
खो रहा दिशा का ज्ञान; स्तब्ध है पवन-चार;
अप्रतिहत गरज रहा पीछे अम्बुधि विशाल;
भूधर ज्यों ध्यान मग्न; केवल जलती मशाल।
स्थिर राघवेन्द्र को हिला रहा फिर-फिर संशय,
रह-रह उठता जग जीवन में रावण-जय-भय,
जो हुआ नहीं आज तक हृदय रिपु दम्य—श्रान्त,—
एक भी, अयुत-- लक्ष में रहा जो दुराक्रान्त,

राम की शक्ति पूजा

कल लड़ने को हो रहा विकल वह बार-बार,
असमर्थ मानता मन उद्यत हो हार-हार;
ऐसे क्षण अन्धकार घन में जैसे विद्युत
जागी पृथ्वी-तनया-कुमारिका-छबि, अच्युत
देखते हुए निष्पलक, याद आया उपवन
विदेह का,—प्रथम स्नेह का लतान्तराल मिलन
नयनों का—नयनों से गोपन—प्रिय सम्भाषण,—
पलकों का नव पलकों पर प्रथमोत्थान—पतन,—
काँपते हुए किसलय,—झरते पराग-समुदय,—
गाते खग नव-जीवन-परिचय,—तरु मलय-वलय,—
ज्योतिःप्रपात स्वर्गीय,—ज्ञात छवि प्रथम स्वीय,—
जानकी-नयन-कमनीय प्रथम कम्पन तुरीय।
सिहरा तन, क्षण भर भूला मन, लहरा समस्त,
हर धनुर्भङ्ग को पुनर्वार ज्यों उठा हस्त,
फूटी स्मिति सीता-ध्यान-लीन राम के अधर,
फिर विश्व-विजय-भावना हृदय में आई भर,
वे आये याद दिव्य शर अगणित मन्त्रपूत,—
फड़का पर नभ को उड़े सकल ज्यों देवदूत,

देखते राम, जल रहे शलभ ज्यों रजनीचर,
ताड़का, सुबाहु, विराध, शिरस्त्रय, दूषण, खर;
फिर देखी भीमा मूर्ति आज रण देखी जो
आच्छादित किये हुए सम्मुख समग्र नभ को,
ज्योतिर्मय अस्त्र सकल बुझ-बुझ कर हुए क्षीण,
पा महानिलय उस तन में क्षण में हुए लीन;
लख शङ्काकुल हो गये अतुल-बल शेष-शयन,—
खिच गये दृगों में सीता के राममय नयन;
फिर सुना—हँस रहा अट्टहास रावण खलखल,
भावित नयनों से सजल गिरे दो मुक्ता-दल।
बैठे मारुति देखते राम-चरणारविन्द—
युग 'अस्ति-नास्ति' के एक-रूप, गुण-गण-अनिन्द्य;
साधना-मध्य भी साम्य—वाम-कर दक्षिण-पद,
दक्षिण-कर-तल पर वाम चरण, कपिवर गद्गद
पा सत्य, सच्चिदानन्दरूप, विश्राम-धाम,
जपते सभक्ति अजपा विभक्त हो राम-नाम।
युग चरणों पर आ पड़े अस्तु वे अश्रु युगल,
देखा कपि ने, चमके नभ में ज्यों तारादल;—

ये नहीं चरण राम के, बने श्यामा के शुभ,—
सोहते मध्य में हीरक युग या दो कौस्तुभ;
टूटा वह तार ध्यान का, स्थिर मन हुआ विकल,
सन्दिग्ध भाव की उठी दृष्टि, देखा अविकल
बैठे वे वही कमल-लोचन, पर सजल नयन,
व्याकुल-व्याकुल कुछ चिर-प्रफुल्ल मुख, निश्चेतन।
"ये अश्रु राम के" आते ही मन में विचार,
उद्वेल हो उठा शक्ति-खेल-सागर अपार,
हो श्वसित पवन-उनचास, पिता-पक्ष से तुमुल
एकत्र वक्ष पर बहा वाष्प को उड़ा अतुल,
शत घूर्णावर्त, तरङ्ग-भङ्ग उठते पहाड़,
जल-राशि राशि-जल पर चढ़ता खाता पछाड़,
तोड़ता बन्ध—प्रतिसन्ध धरा, हो स्फीत-वक्ष
दिग्विजय-अर्थ प्रतिपल समर्थ बढ़ता समक्ष
शत-वायु-वेग-बल, डुबा अतल में देश-भाव,
जलराशि विपुल मथ मिला अनिल में महाराव
वज्राङ्ग तेजघन बना पवन को, महाकाश
पहुँचा, एकादशरुद्र क्षुब्ध कर अट्टहास।

रावण-महिमा श्यामा विभावरी अन्धकार,
यह रुद्र राम-पूजन-प्रताप तेजःप्रसार;
उस ओर शक्ति शिव की जो दशस्कन्ध-पूजित,
इस ओर रुद्र-वन्दन जो रघुनन्दन-कूजित;
करने को ग्रस्त समस्त व्योम कपि बढ़ा अटल,
लख महानाश शिव अचल हुए क्षण भर चञ्चल,
श्यामा के पदतल भारधरण हर मन्द्रस्वर
बोले—"सम्बरो देवि, निज तेज, नहीं वानर
यह,—नहीं हुआ श्रृङ्गार-युग्म-गत, महावीर,
अर्चना राम की मूर्तिमान अक्षय-शरीर,
चिर-ब्रह्मचर्य-रत, ये एकादश रुद्र धन्य,
मर्यादा-पुरुषोत्तम के सर्वोत्तम, अनन्य,
लीला-सहचर, दिव्यभावधर, इन पर प्रहार,
करने पर होगी देवि, तुम्हारी विषम हार;
विद्या का ले आश्रय इस मन को दो प्रबोध,
झुक जायेगा कपि, निश्चय होगा दूर रोध।"
कह हुए मौन शिव; पवन-तनय में भर विस्मय
सहसा नभ में अञ्जना-रूप का हुआ उदय;

बोली माता—"तुमने रवि को जब लिया निगल
तब नहीं बोध था तुम्हें, रहे बालक केवल;
यह वही भाव कर रहा तुम्हें व्याकुल रह-रह,
यह लज्जा की है बात कि माँ रहती सह-सह;
यह महाकाश, है जहाँ वास शिव का निर्मल—
पूजते जिन्हें श्रीराम, उसे ग्रसने को चल
क्या नहीं कर रहे तुम अनर्थ ?—सोचो मन में;
क्या दी आज्ञा ऐसी कुछ श्रीरघुनन्दन ने ?
तुम सेवक हो, छोड़ कर धर्म कर रहे कार्य—
क्या असम्भाव्य हो यह राघव के लिये धार्य ?"
कपि हुए नम्र, क्षण में माताछवि हुई लीन,
उतरे धीरे धीरे, गह प्रभु-पद हुए दीन।
राम का विषण्णानन देखते हुए कुछ क्षण,
"हे सखा," विभीषण बोले, "आज प्रसन्न वदन
वह नहीं देख कर जिसे समग्र वीर वानर—
भल्लूक विगत-श्रम हो पाते जीवन निर्जर,
रघुवीर, तीर सब वही तूण में हैं रक्षित,
है वही वक्ष, रण-कुशल-हस्त, बल वही अमित,

हैं वही सुमित्रानन्दन मेघनाद-जित-रण,
हैं वही भल्लपति, वानरेन्द्र सुग्रीव प्रमन,
तारा-कुमार भी वही महाबल श्वेत धीर,
अप्रतिभट वही, एक—अर्बुद-सम, महावीर,
है वही दक्ष सेना-नायक, है वही समर,
फिर कैसे असमय हुआ उदय यह भाव-प्रहर ?
रघुकुल गौरव, लघु हुए जा रहे तुम इस क्षण,
तुम फेर रहे हो पीठ हो रहा जब जय रण !
कितना श्रम हुआ व्यर्थ ! आया जब मिलन-समय,
तुम खींच रहे हो हस्त जानकी से निर्दय !
रावण, रावण, लम्पट, खल, कल्मप-गताचार,
जिसने हित कहते किया मुझे पाद-प्रहार,
बैठा वैभव में देगा दुख सीता को फिर,—
कहता रण की जय-कथा पारिपद-दल से घिर,—
सुनता वसन्त में उपवन में कल-कूजित पिक,
मैं बना किन्तु लङ्कापति, धिक्, राघव, धिक् धिक
सब सभा रही निस्तब्ध: राम के स्तिमित नयन
छोड़ते हुए शीतल प्रकाश देखते विमन,

जैसे ओजस्वी शब्दों का जो था प्रभाव
उससे न इन्हें कुछ चाव, न हो कोई दुराव,
ज्यों हों वे शब्द मात्र,—मैत्री की समनुरक्ति,
पर जहाँ गहन भाव के ग्रहण की नहीं शक्ति।
कुछ क्षण तक रह कर मौन सहज निज कोमल स्वर
बोले रघुमणि—"मित्रवर, विजय होगी न समर;
यह नहीं रहा नर-वानर का राक्षस से रण,
उतरीं पा महाशक्ति रावण से आमन्त्रण,
अन्याय जिधर हैं उधर शक्ति!" कहते छल-छल
हो गये नयन, कुछ-बूँद पुनः ढलके दृगजल,
रुक गया कण्ठ, चमका लक्ष्मण-तेजः प्रचण्ड,
धँस गया धरा में कपि गह युग पद मसक दण्ड,
स्थिर जाम्बवान,—समझते हुए ज्यों सकल भाव,
व्याकुल सुग्रीव,—हुआ उर में ज्यों विषम घाव,
निश्चित-सा करते हुए विभीषण कार्य-क्रम,
मौन में रहा यों स्पन्दित वातावरण विषम।
निज सहज रूप में संयत हो जानकी-प्राण
बोले—"आया न समझ में यह दैवी विधान,

रावण, अधर्मरत भी, अपना, मैं हुआ अपर—
यह रहा शक्ति का खेल समर, शङ्कर, शङ्कर !
करता मैं योजित बार-बार शर-निकर निशित
हो सकती जिनसे यह संसृति सम्पूर्ण विजित,
जो तेजःपुञ्ज, सृष्टि की रक्षा का विचार
है जिनमें निहित पतनघातक संस्कृति अपार—
शत-शुद्धि-बोध—सूक्ष्मातिसूक्ष्म मन का विवेक,
जिनमें है क्षात्रधर्म का धृत पूर्णाभिषेक,
जो हुए प्रजापतियों से संयम से रक्षित,
वे शर हो गये आज रण में श्रीहत, खण्डित !
देखा, है महाशक्ति रावण को लिये अङ्क,
लाञ्छन को ले जैसे शशाङ्क नभ में अशङ्क;
हत मन्त्रपूत शर संवृत करतीं बार-बार,
निष्फल होते लक्ष्य पर क्षिप्र वार पर वार !
विचलित लख कपिदल, क्रुद्ध युद्ध को मैं ज्यों-ज्यों,
झक-झक झलकती वह्नि वामा के दृग त्यों-त्यों;
पश्चात्, देखने लगीं मुझे, बँध गये हस्त,
फिर खिंचा न धनु, मुक्त ज्यों बँधा मैं हुआ त्रस्त !"

कह हुए भानुकुल भूषण वहाँ मौन क्षण भर,
बोले विश्वस्त कण्ठ से जाम्बवान—"रघुवर,
विचलित होने का नहीं देखता मैं कारण,
हे पुरुष-सिंह, तुम भी यह शक्ति करो धारण,
आराधन का दृढ़ आराधन से दो उत्तर,
तुम वरो विजय संयत प्राणों से प्राणों पर;
रावण अशुद्ध होकर भी यदि कर सका त्रस्त
तो निश्चय तुम हो सिद्ध करोगे उसे ध्वस्त;
शक्ति की करो मौलिक कल्पना, करो पूजन,
छोड़ दो समर जबतक न सिद्धि हो, रघुनन्दन।
तब तक लक्ष्मण हैं महावाहिनी के नायक
मध्य भाग में, अङ्गद दक्षिण—श्वेत सहायक,
मैं भल्ल-सैन्य; हैं वाम पार्श्व में हनूमान,
नल, नील और छोटे कपिगण—उनके प्रधान;
सुग्रीव, विभीषण, अन्य यूथपति यथासमय
आयेंगे रक्षाहेतु जहाँ भी होगा भय।"
खिल गई सभा। "उत्तम निश्चय यह, भल्लनाथ!"
कह दिया वृद्ध को मान राम ने झुका माथ।

हो गये ध्यान में लीन पुनः करते विचार,
देखते सकल—तन पुलकित होता बार-बार।
कुछ समय अनन्तर इन्दीवर निन्दित लोचन
खुल गये, रहा निष्पलक भाव मे मज्जित मन।
बोले आवेग-रहित स्वर से विश्वास-स्थित—
"मातः, दशभुजा, विश्व-ज्योतिः, मैं हूँ आश्रित;
हो विद्ध शक्ति से है खल महिषासुर मर्दित,
जनरञ्जन-चरण-कमल-तल, धन्य सिंह गर्जित!
यह, यह मेरा प्रतीक, मातः, समझा इङ्गित;
मैं सिंह, इसी भाव से करूँगा अभिनन्दित।"
कुछ समय स्तब्ध हो रहे राम छवि में निमग्न,
फिर खोले पलक कमल-ज्योतिर्दल ध्यान-लग्न;
हैं देख रहे मन्त्री, सेनापति, वीरासन
बैठे उमड़ते हुए, राघव का स्मित आनन।
बोले भावस्थ चन्द्र-मुख-निन्दित रामचन्द्र,
प्राणों में पावन कम्पन भर, स्वर मेघमन्द्र—
"देखो, बन्धुवर, सामने स्थित जो यह भूधर
शोभित शत-हरित-गुल्म-तृण से श्यामल सुन्दर,

पार्वती कल्पना हैं इसकी, मकरन्द-विन्दु;
गरजता चरण-प्रान्त पर सिंह वह, नहीं सिन्धु;
दशदिक-समस्त हैं हस्त, और देखो ऊपर,
अम्बर में हुए दिगम्बर अर्चित शशि-शेखर;
लख महाभाव-मङ्गल पदतल धँस रहा गर्व—
मानव के मन का असुर मन्द, हो रहा खर्व।"
फिर मधुर दृष्टि से प्रिय कपि को खींचते हुए
बोले प्रियतर स्वर से अन्तर सींचते हुए—
"चाहिये हमें एक सौ आठ, कपि, इन्दीवर,
कम से कम, अधिक और हों, अधिक और सुन्दर,
जाओ देवीदह, उषःकाल होते सत्वर,
तोड़ो, लाओ वे कमल, लौटकर लड़ो समर।"
अवगत हो जाम्ववान से पथ, दूरत्व, स्थान,
प्रभु-पद-रज सिर धर चले हर्ष भर हनूमान।
राघव ने विदा किया सब को जान कर समय,
सब चले सदय राम की सोचते हुए विजय।
निशि हुई विगत : नभ के ललाट पर प्रथम किरण
फूटी रघुनन्दन के दृग महिमा-ज्योति-हिरण;

है नहीं शरासन आज हस्त—तूणीर स्कन्ध,
वह नहीं सोहता निविड़-जटा-दृढ़ मुकुट-बन्ध,
सुन पड़ता सिंहनाद,—रण-कोलाहल अपार,
उमड़ता नहीं मन, स्तब्ध सुधी हैं ध्यान धार;
पूजोपरान्त जपते दुर्गा, दशभुजा नाम,
मन करते हुए मनन नामों के गुणग्राम;
बीता वह दिवस, हुआ मन स्थिर इष्ट के चरण,
गहन से गहनतर होने लगा समाराधन।
क्रम-क्रम से हुए पार राघव के पञ्च दिवस,
चक्र से चक्र मन चढ़ता गया ऊर्ध्व निरलस;
कर-जप पूरा कर एक चढ़ाते इन्दीवर,
निज पुरश्चरण इस भाँति रहे हैं पूरा कर।
चढ़ षष्ठ दिवस आज्ञा पर हुआ समाहित मन,
प्रति जप से खिंच-खिंच होने लगा महाकर्षण;
सञ्चित त्रिकुटी पर ध्यान द्विदल देवी-पद पर,
जप के स्वर लगा काँपने थर-थर-थर अम्बर;
दो दिन निष्पन्द एक आसन पर रहे राम,
अर्पित करते इन्दीवर, जपते हुए नाम;

आठवाँ दिवस, मन ध्यान-युक्त चढ़ता ऊपर
कर गया अतिक्रम ब्रह्मा-हरि-शङ्कर का स्तर,
हो गया विजित ब्रह्माण्ड पूर्ण, देवता स्तब्ध,
हो गये दग्ध जीवन के तप के समारब्ध;
रह गया एक इन्दीवर, मन देखता—पार
प्रायः करने को हुआ दुर्ग जो सहस्रार,
द्विपहर रात्रि, साकार हुईं दुर्गा छिपकर,
हँस उठा ले गईं पूजा का प्रिय इन्दीवर।
यह अन्तिम जप, ध्यान में देखते चरण युगल
राम ने बढ़ाया कर लेने को नील कमल;
कुछ लगा न हाथ, हुआ सहसा स्थिर मन चञ्चल
ध्यान की भूमि से उतरे, खोले पलक विमल,
देखा, वह रिक्त स्थान, यह जप का पूर्ण समय,
आसन छोड़ना असिद्धि, भर गये नयनद्वय:—
"धिक् जीवन को जो पाता ही आया विरोध,
धिक् साधन जिसके लिये सदा ही किया शोध !
जानकी ! आह, उद्धार, दुःख, जो न हो सका !"
वह एक और मन रहा राम का जो न थका;

जो नहीं जानता दैन्य, नहीं जानता विनय,
कर गया भेद वह मायावरण प्राप्त कर जय,
बुद्धि के दुर्ग पहुँचा विद्युत-गति, हतचेतन
राम में जगी स्मृति, हुए सजग पा भाव प्रमन।
"यह है उपाय" कह उठे राम ज्यों मन्द्रित घन—
"कहती थीं माता मुझे सदा राजीवनयन !
दो नील कमल हैं शेष अभी, यह पुरश्चरण
पूरा करता हूँ देकर मातः एक नयन।"
कह कर देखा तूणीर ब्रह्मशर रहा झलक,
ले लिया हस्त, लक-लक करता वह महाफलक;
ले अस्त्र वाम कर, दक्षिण कर दक्षिण लोचन
ले अर्पित करने को उद्यत हो गये सुमन।
जिस क्षण बँध गया वेधने को दृग दृढ़ निश्चय,
काँपा ब्रह्माण्ड, हुआ देवी का त्वरित उदय:—
"साधु, साधु, साधक धीर, धर्मधनधन्य राम।"
कह लिया भगवती ने राघव का हस्त थाम।
देखा राम ने—"सामने श्री दुर्गा, भास्वर
वामपद असुर-स्कन्ध पर रहा दक्षिण हरि पर,

ज्योतिर्म्मय रूप, हस्त दश विविध-अस्त्र-सज्जित,
मन्दस्मित मुख, लख हुई विश्व की श्री लज्जित,
है दक्षिण में लक्ष्मी, सरस्वती वाम भाग,
दक्षिण गणेश, कार्तिक बाँये रण-रङ्ग-राग,
मस्तक पर शङ्कर।" पदपद्मों पर श्रद्धाभर
श्रीराघव हुए प्रणत मन्दस्वर वन्दन कर।
"होगी जय, होगी जय, हे पुरुषोत्तम नवीन।"
कह महाशक्ति राम के वदन में हुईं लीन।

२३. १०. ३६.

सखा के प्रति

रोग स्वास्थ्य में, सुख में दुख, है अन्धकार में जहाँ प्रकाश,
शिशु के प्राणों का साक्षी है रोदन जहाँ वहाँ क्या आश
सुख की करते हो तुम, मतिमन् ?—छिड़ा हुआ है रण अविराम
घोर द्वन्द्व का; यहाँ पुत्र को पिता भी नहीं देता स्थान।
गूँज रहा रव घोर स्वार्थ का, यहाँ शान्ति का मुक्ताकार
कहाँ ? नरक प्रत्यक्ष स्वर्ग है; कौन छोड़ सकता संसार ?
कर्म-पाश से बँधी गला, वह क्रीतदास जाये किस ठौर ?
सोचा, समझा है मैंने, पर एक उपाय न देखा और,
योग-भोग, जप-तप, धन-सञ्चय, गार्हस्थ्याश्रम, दृढ़ संन्यास,
त्याग-तपस्या-व्रत सब देखा, पाया है जो मर्माभास
मैंने, समझा, कहीं नहीं सुख, है यह तनु-धारण ही व्यर्थ,
उतना ही दुख है जितना ही ऊँचा है तव हृदय समर्थ।
हे सहृदय, निस्वार्थ प्रेम के ! नहीं तुम्हारा जग में स्थान,
लौह-पिण्ड जो चोटें सहता, मर्मर के अति-कोमल प्राण
उन चोटों को सह सकते क्या ? होओ जड़वत्, नीचाधार,
मधु-मुख, गरल-हृदय, निजता-रत, मिथ्यापर, देगा संसार

जगह तुम्हे तब। विद्यार्जन के लिये प्राण-पण से अतिपात
अर्द्ध आयु का किया, फिरा फिर पागल-सा फैलाये हाथ
प्राण-रहित छाया के पीछे लुब्ध प्रेम का, विविध निषेध—
विधियाँ की हैं धर्म-प्राप्ति को, गङ्गा-तट, श्मशान, गत-खेद,
नदी-तीर, पर्वत-गह्वर फिर; भिक्षाटन में समय अपार
पार किया असहाय, छिन्न कौपीन जीर्ण अम्बर तनु धार
द्वार-द्वार फिर, उदर-पूर्ति कर, भग्न शरीर तपस्या-भार-
धारण से, पर अर्जित क्या पाया है मैंने अन्तर-सार—
सुनो, सत्य जो जीवन में मैंने समझा है—यह संसार
घोर तरङ्गाघात क्षुब्ध है—एक नाव जो करती पार;—
तन्त्र, मन्त्र; नियमन प्राणों का, मत अनेक, दर्शन-विज्ञान,
त्याग-भोग, भ्रम घोर बुद्धि का, 'प्रेम प्रेम' धन लो पहचान।
जीव-ब्रह्म-नर-निर्जर-ईश्वर-प्रेत-पिशाच-भूत-बैताल-
पशु-पक्षी-कीटाणुकीट में यही प्रेम अन्तर-तम-ज्वाल।
देव, देव। वह और कौन है, कहो चलाता सबको कौन ?
—माँ को पुत्र के लिये देता प्राण,—दस्यु हरता है, मौन
प्रेरण एक प्रेम का ही। वे हैं मन-वाणी से अज्ञात—
वे ही सुख-दुख में रहती हैं—शक्ति मृत्यु-रूपा अवदात,

मातृभाव से वे ही आतीं। रोग, शोक, दारिद्रय कठोर,
धर्म, अधर्म शुभाशुभ में है पूजा उनकी ही सब ओर,
बहु भावों से, कहो और क्या कर सकता है जीव विधान ?
भ्रम में ही है वह सुख की आकांक्षा में हैं डूबे प्राण
जिसके, वैसे दुख की रखता है जो चाह—घोर उन्माद !—
मृत्यु चाहता है—पागल है वह भी, वृथा अमरतावाद !
जितनी दूर, दूर चाहें जितना जाओ चढ़कर रथ पर
तीव्र बुद्धि के, वहाँ वहाँ तक फैला यही जलधि दुस्तर
संसृति का, सुख-दु:ख-तरङ्गावर्त-घूर्ण्य, कम्पित, चञ्चल,
पङ्ख-विहीन हो रहे हो तुम, सुनो यहाँ के विहग सकल !
नहीं कहीं उड़ने का पथ है, कहाँ भाग जाओगे तुम ?
बार बार आघात पा रहे—व्यर्थ कर रहे हो उद्यम !
छोड़ो विद्या जप-तप का बल; स्वार्थ-विहीन प्रेम आधार
एक हृदय का, देखो, शिक्षा देता है पतङ्ग कर प्यार
अग्नि-शिखा को आलिङ्गन कर, रूप-मुग्ध वह कीट अधम
अन्ध; और तुम मत्त प्रेम के, हृदय तुम्हारा उज्ज्वलतम।
प्रेमवन्त ! सब स्वार्थ-मलिनता अनल-कुण्ड में भस्मीकृत
कर दो, सोचो, भिक्षुक-हृदय सदा का ही है सुख-वर्जित,

और कृपा के पात्र हुए भी तो क्या फल, तुम वारम्वार
सोचो, दो, न फेर कर लो यदि हो अन्तर में कुछ भी प्यार।
अन्तस्तल के अधिकारी तुम, सिन्धु प्रेम का भरा अपार
अन्तर में, दो जो चाहे, हो विन्दु सिन्धु उसका निःसार।
ब्रह्म और परमाणु-कीट तक, सब भूतों का है आधार
एक प्रेममय, प्रिय, इन सबके चरणों में दो तन-मन वार!
बहु रूपों से खड़े तुम्हारे आगे, और कहाँ हैं ईश?
व्यर्थ खोज। यह जीव-प्रेम की ही सेवा पाते जगदीश।*

७. ४. २१

---

* स्वामी विवेकानन्द जी के 'सखार प्रति' का अनुवाद।

सेवा-प्रारम्भ

(यह एक कथा है, उस समय की, जब इस देश में देश के ही लोगों या संस्था द्वारा किसी प्रकार की सेवा प्रचलित न हुई थी। यह कार्य श्रीरामकृष्ण मिशन शुरू करता है। यह कथा जिस घटना के आधार पर है वह बंगाल में घटी थी। परमहंस श्रीरामकृष्ण देव के शिष्य स्वामी विवेकानन्दजी के गुरु भाई स्वामी अखण्डानन्द जी इस घटना के चरितनायक हैं। ये उस समय वहां भ्रमण कर रहे थे। यह सेवा इन्होंने की थी। इसके बाद सुबद्ध रूप से श्रीरामकृष्ण-मिशन लोक सेवा करता है। इसके बाद देश में अन्यान्य सेवादल संगठित होते हैं। स्वामी अखण्डानन्दजी की इस सेवा के समय स्वामी विवेकानन्द जी थे। स्वामी अखण्डानन्द जी ने ही स्वामी विवेकानन्दजी को पीड़ित जन-नारायणों की सेवा के लिये प्रवृत्त किया था। बाद को स्वामी अखण्डानन्दजी श्रीरामकृष्ण-मिशन के प्रेसीडेन्ट हुये थे—तीसरे। अब इनका देहावसान हो गया है।)

अल्प दिन हुए,
भक्तों ने रामकृष्ण के चरण छुए।
जगी साधना
जन-जन में भारत की नवाराधना।

नई भारती
जागी जन-जन को कर नई आरती।
घेर गगन को अगणन
जागे रे चन्द्र-तपन-
पृथ्वी-ग्रह-तारागण ध्यानाकर्षण,
हरित-कृष्ण-नील-पीत
रक्त-शुभ्र-ज्योति-नीत
नव नव विश्वोपवीत, नव नव साधन।
खुले नयन नवल रे—
ऋतु के-से भिन्न सुमन
करते ज्यों विश्व-स्तवन
आमोदित किये पवन भिन्न गन्ध से।
अपर ओर करता विज्ञान घोर नाद
दुर्धर शत-रथ-घर्घर विश्व-विजय-वाद।
स्थल-जल है समाच्छन्न
विपुल-मार्ग-जाल-जन्य,
तार-तार समुत्सन्न देश-महादेश,
निर्मित शत लौहयन्त्र

भीमकाय मृत्युतन्त्र
चूस रहे अन्त्र, मन्त्र रहा यही शेष।
बढ़े समर के प्रहरण,
नये नये हैं प्रकरण,
छाया उन्माद मरण-कोलाहल का,
दर्प जहर, जर्जर नर,
स्वार्थपूर्ण गूँजा स्वर,
रहा है विरोध घहर इस-उस दल का।
बँधा व्योम, बढ़ी चाह,
बहा प्रखरतर प्रवाह,
वैज्ञानिक समुत्साह आगे,
सोये सौ-सौ विचार
थपकी दे बार-बार
मौलिक मन को सुधार जागे!
मैक्सिम-गन् करने को जीवन-संहार
हुआ जहाँ, खुला वहीं नोव्ल्-पुरस्कार!
राजनीति नागिनी
डसती है, हुई सभ्यता अभागिनी।

जितने थे यहाँ नवयुवक—
ज्योति के तिलक—
खड़े सहोत्साह,
एक-एक लिये हुए प्रलयानल-दाह।
श्री 'विवेक', 'ब्रह्म', 'प्रेम', 'सारदा',❀
ज्ञान-योग-भक्ति-कर्म-धर्म-नर्मदा,—
बहीं विविध आध्यात्मिक धाराएँ
तोड़ गहन प्रस्तर की काराएँ,
क्षिति को कर जाने को पार,
पाने को अखिल विश्व का समस्त सार।
गृही भी मिले,
आध्यात्मिक जीवन के रूप यों खिले।
अन्य ओर भीषण रव—यान्त्रिक झङ्कार—
विद्या का दम्भ,
यहाँ महामौनभरा स्तब्ध निराकार—
नैसर्गिक रङ्ग।

❀ स्वामी विवेकानन्द, स्वामी ब्रह्मानन्द, स्वामी प्रेमानन्द, स्वामी सारदानन्द।

वहुत काल बाद
अमेरिका-धर्ममहासभा का निनाद
विश्व ने सुना, कॉपी संस्कृति की थी दरी,
गरजा भारत का वेदान्त-केसरी।
श्रीमत्स्वामी विवेकानन्द
भारत के मुक्त-ज्ञानछन्द
बँधे भारती के जीवन से
गान गहन एक ज्यों गगन से,
आये भारत, नूतन शक्ति ले जगी
जाति यह रँगी।
स्वामी श्रीमदखण्डानन्द जी
एक और प्रति उस महिमा की,
करते भिक्षा फिर निस्सम्बल
भगवा-कौपीन-कमण्डलु-केवल;
फिरते थे मार्ग पर
जैसे जीवित विमुक्त ब्रह्म-शर।
इसी समय भक्त रामकृष्ण के
एक जमींदार महाशय दिखे।

एक दूसरे को पहचान कर
प्रेम से मिले अपना अति प्रिय जन जान कर।
ज़मींदार अपने घर ले गये,
बोले—"कितने दयालु रामकृष्ण देव थे।
आप लोग धन्य हैं,
उनके जो ऐसे अपने, अनन्य हैं।"—
द्रवित हुए। स्वामी जी ने कहा,—
"नवद्वीप जाने की है इच्छा,—
महाप्रभु श्रीमच्चैतन्यदेव का स्थल
देखूँ, पर सम्यक् निस्सम्बल
हूँ इस समय, जाता है पास तक जहाज,
सुना है कि छूटेगा आज।"
धूप चढ़ रही थी, बाहर को
ज़मींदार ने देखा,—घर को,—
फिर घड़ी, हुए उन्मन
अपने आफिस का कर चिन्तन;
उठे, गये भीतर,
बड़ी देर बाद आये बाहर,

दिया एक रुपया, फिर फिरकर
चले गये आफिस को सत्वर।
स्वामी जी घाट पर गये,
"कल जहाज़ छूटेगा" सुनकर
फिर रुक नहीं सके,
जहाँ तक करें पैदल पार—
गङ्गा के तीर से चले।
चढ़े दूसरे दिन स्टीमर पर
लम्बा रास्ता पैदल तै कर।
आया स्टीमर, उतरे प्रान्त पर, चले,
देखा, हैं दृश्य और ही बदले,—
दुबले-दुबले जितने लोग,
लगा देश भर को ज्यों रोग,
दौड़ते हुए दिन में स्यार
बस्ती में—बैठे भी गीध महाकार,
आती बदबू रह-रह,
हवा बह रही व्याकुल कह-कह;
कहीं नहीं पहले की चहल-पहल,

सेवा-प्रारम्भ

कठिन हुआ यह जो था बहुत सहल।
सोचते व देखते हुए
स्वामीजी चले जा रहे थे।
इसी समय एक मुसलमान-बालिका
भरे हुए पानी मृदु आती थी पथ पर, अम्बुपालिका;
घड़ा गिरा, फूटा,
देख बालिका का दिल टूटा,
होश उड़ गये,
कॉपी वह सोच के,
रोई चिल्लाकर,
फिर ढाढ़ मार-मार कर
जैसे माँ-बाप मरे हों घर।
सुनकर स्वामी जी का हृदय हिला,
पूछा—"कह, बेटी, कह, क्या हुआ?"
फफक-फफक कर
कहा बालिका ने,—"मेरे घर
एक यही बचा था घड़ा,
मारेगी माँ सुनकर फूटा।"

रोई फिर
वह विभूति कोई ।
स्वामीजी ने देखीं आँखें—
गीली वे पाँखें,
करुण स्वर सुना,
उमड़ी स्वामीजी में करुणा ।
बोले—"तुम चलो
घड़े की दूकान जहाँ हो,
नया एक ले दें;"
खिलीं बालिका की आँखें ।
आगे-आगे चली
बड़ी राह होती बाज़ार की गली,
आ कुम्हार के यहाँ
खड़ी हो गई घड़े दिखा ।
एक देखकर
पुख्ता सब में विशेखकर,
स्वामीजी ने उसे दिला दिया,
खुश होकर हुई वह बिदा ।

मिले रास्ते में लड़के
भूखों मरते ।
बोली वह देख के,—"एक महाराज
आये हैं आज,
पीले-पीले कपड़े पहने,
होंगे उस घड़े की दूकान पर खड़े,
इतना अच्छा घड़ा
मुझे ले दिया !
जाओ, पकड़ो उन्हें, जाओ,
ले देंगे खाने को, खाओ ।"
दौड़े लड़के,
तब तक स्वामीजी थे बातें करते,
कहता दूकानदार उनसे,—"हे महाराज,
ईश्वर की गाज
यहाँ है गिरी, है बिपत्त बड़ी,
पड़ा है अकाल,
लोग पेट भरते हैं खा-खाकर पेड़ों की छाल ।
कोई देता नहीं सहारा,

रहता हर एक यहाँ न्यारा,
मदद नहीं करती सरकार,
क्या कहूँ, ईश्वर ने ही दी है मार
तो कौन खड़ा हो ?"
इसी समय आये वे लड़के,
स्वामी जी के पैरों आ पड़े ।
पेट दिखा, मुँह को ले हाथ,
करुणा की चितवन से, साथ
बोले,—"खाने को दो,
राजों के महाराज तुम हो।"
चार आने पैसे
स्वामीजी के तब तक थे बचे ।
चूड़ा दिलवा दिया,
खुश होकर लड़कों ने खाया, पानी पिया
हँसा एक लड़का, फिर बोला—
"यहाँ एक बुढ़िया भी है, बाबा,
पड़ी झोंपड़ी में मरती है, तुम देख लो
उसे भी, चलो।"

सेवा-प्रारम्भ

कितना यह आकर्षण,
स्वामीजी के उठे चरण।
लड़के आगे हुए,
स्वामी पीछे चले।
खुश हो नायक ने आवाज़ दी,—
"बुढ़िया री, आये हैं बाबा जी।"
बुढ़िया मर रही थी
गन्दे में फर्श पर पड़ी।
आँखों में ही कहा
जैसा कुछ उस पर बीता था।
स्वामीजी पैठे
सेवा करने लगे,
साफ की वह जगह,
दवा और पथ फिर देने लगे
मिलकर अफसरों से
भीख माँग बड़े-बड़े घरों से।
लिखा मिशन को भी
दृश्य और भाव दिखा जो भी।

खड़ी हुई बुढ़िया सेवा से,
एक रोज़ बोली,—"तुम मेरे बेटे थे उस जन्म के।"
स्वामीजी ने कहा,—
"अबके की भी हो तुम मेरी माँ।"

७. १२. ३७.

नारायण मिलें हँस अन्त में

याद है वह हरित दिन
बढ़ रहा था ज्योति के जब सामने मैं
देखता
दूर-विस्तृत धूम्र-धूसर पथ भविष्यत् का विपुल
आलोचनाओं से जटिल
तनु-तन्तुओं सा सरल-वक्र, कठोर-कोमल हास सा,
गम्य-दुर्गम मुख-बहुल नद-सा भरा।
थक गई थी कल्पना
जल-यान-दण्ड-स्थित खगी-सी
खोजती तट भूमि सागर-गर्भ में,
फिर फिरी थककर उसी दुख-दण्ड पर।
पवन-पीड़ित पत्र-सा
कम्पन प्रथम वह अब न था।
शान्ति थी, सब
हट गये बादल विकल वे व्योम के।

उस प्रणय के प्रात की है आज तक
याद मुझको जो किरण
बाल-यौवन पर पड़ी थी;
नयन वे
खींचते थे चित्र अपने सौख्य के।
भ्रान्ति और प्रतीति की
चल रही थी तूलिका;
विश्व पर विश्वास छाया था नया।
कल्प-तरु के, नये कोंपल थे उगे।
हिल चुका हूँ मैं हवा मे; हानि क्या
यदि झड़ूँ, बहता फिरूँ मैं अन्तहीन प्रवाह मे
तब तक न जब तक दूर हो निज ज्ञान—
नारायण मिलें हँस अन्त में।

२५. ६. २५.

प्रकाश

रोक रहे हो जिन्हें
नहीं अनुराग-मूर्ति वे
किसी कृष्ण के उर की गीता अनुपम ?
और लगाना गले उन्हें—
जो धूलि-धूसरित खड़े हुए हैं—
कब से प्रियतम, है भ्रम ?
हुई दुई में अगर कहीं पहचान
तो रस भी क्या—
अपने ही हित का गया न जब अनुमान ?
है चेतन का आभास
जिसे, देखा भी उसने कभी किसी को दास ?
नहीं चाहिये ज्ञान
जिसे, वह समझा कभी प्रकाश ?

१. १. २३.

नर्गिस

बीत चुका शीत, दिन वैभव का दीर्घतर
डूब चुका पश्चिम में, तारक-प्रदीप-कर
स्निग्ध-शान्त-दृष्टि सन्ध्या चली गई मन्द मन्द
प्रिय की समाधि-ओर, हो गया है रव बन्द
विहगों का नीड़ों पर, केवल गङ्गा का स्वर
सत्य ज्यों शाश्वत सुन पड़ता है स्पष्ट तर,
बहता है साथ गत गौरव का दीर्घ काल
प्रहत-तरङ्ग-कर-ललित-तरल-ताल।
चैत्र का है कृष्ण पक्ष, चन्द्र तृतीया का आज
उग आया गगन में, ज्योत्स्ना तनु-शुभ्र-साज
नन्दन की अप्सरा धरा को विनिर्जन जान
उतरी सभय करने को नैश गङ्गा-स्नान।
तट पर उपवन सुरम्य, मैं मौनमन
बैठा देखता हूँ तारतम्य विश्व का सघन;
जान्हवी को घेर कर आप उठे ज्यों करार

त्यों ही नभ और पृथ्वी लिये ज्योत्स्ना ज्योतिर्धार,
सूक्ष्मतम होता हुआ जैसे तत्व ऊपर को
गया, श्रेष्ठ मान लिया लोगों ने महाम्बर को,
स्वर्ग त्यों धरा से श्रेष्ठ, बड़ी देह से कल्पना,
श्रेष्ठ सृष्टि स्वर्ग की है खड़ी सशरीर ज्योत्स्ना ।

(२)

युवती धरा का यह था भरा वसन्त-काल,
हरे-भरे स्तनों पर पड़ी कलियों की माल,
सौरभ से दिक्कुमारियों का मन सींचकर
बहता है पवन प्रसन्न तन खींचकर ।
पृथ्वी स्वर्ग से ज्यों कर रही है होड़ निष्काम
मैंने फेर मुख देखा, खिली हुई अभिराम
नर्गिस, प्रणय के ज्यों नयन हों एकटक
प्रिय-भाव-भरे देखते हुए रहे हों थक,
मुख पर लिखी अविश्वास की रेखाएं पढ़
स्नेह के निगड़ में ज्यों बँधे भी रहे हैं कढ़ ।
कहती ज्यों नर्गिस—"आई जो परी पृथ्वी पर
स्वर्ग की, इसी से हो गई है क्या सुन्दरतर ?

पार कर अन्धकार आई जो आकाश पर,
सत्य कहो, मित्र, नहीं सकी स्वर्ग प्राप्त कर ?
कौन अधिक सुन्दर है—देह अथवा आँखें ?
चाहते भी जिसे तुम—पक्षी वह या कि पाँखें ?
स्वर्ग झुक आये यदि धरा पर तो सुन्दर
या कि यदि धरा चढ़े स्वर्ग पर तो सुघर ?"
बही हवा नर्गिस की, मन्द छा गई सुगन्ध,
धन्य, स्वर्ग यही, कह किये मैंने दृग बन्द ।

२. ९. ३८.

नासमझी

समझ नहीं सके तुम,
हारे हुए झुके तभी नयन तुम्हारे, प्रिय।
भरा उल्लास था हृदय में मेरे जब,—
काँपा था वक्ष,
तब देखी थी तुमने
मेरे मल्लिका के हार की
कम्पन, सौन्दर्य को!

१२. ४. ३८.

उक्ति

जला है जीवन यह
आतप में दीर्घकाल;
सूखी भूमि, सूखे तरु,
सूखे सिक्त आलवाल;
बन्द हुआ गुञ्ज, धूलि-
धूसर हो गये कुञ्ज,
किन्तु पड़ी व्योम उर
बन्धु, नील-मेघ-माल।

१६. ६. ३८.

सहज

सहज-सहज पग धर आओ उतर;
देखें वे सभी तुम्हें पथ पर।
वह जो सिर बोझ लिये आ रहा,
वह जो बछड़े को नहला रहा,
वह जो इस-उससे बतला रहा,
देखूँ, वे तुम्हें देख जाते भी हैं ठहर ?
उनके दिल की धड़कन से मिली
होगी तस्वीर जो कहीं खिली,
देखूँ मैं भी, वह कुछ भी हिली
तुम्हें देखने पर, भीतर-भीतर ?

१२. ८. ३८.

—

और और छवि

(गीत)

और और छवि रे यह,
नूतन भी कवि, रे यह
और और छवि !
समझ तो सही
जब भी यह नहीं गगन
वह मही नहीं,
बादल वह नहीं जहाँ
छिपा हुआ पवि, रे यह
और और छवि।
यज्ञ है यहाँ,
जैसा देखा पहले होता अथवा सुना;
किन्तु नहीं पहले की,
यहाँ कहीं हवि, रे यह
और और छवि !

१७. ८. ३८.

मेरी छवि ला दो

(गीत)

मेरी छवि उर-उर में ला दो !
मेरे नयनों से ये सपने समझा दो !

जिस स्वर से भरे नवल नीरद,
हुए प्राण पावन गा हुआ हृदय भी गद्गद,
जिस स्वर-वर्षा ने भर दिये सरित-सर-सागर,
मेरी यह धरा धन्य हुई भरा नीलाम्बर,
वह स्वर शर्मद उनके कण्ठों में गा दो !

जिस गति से नयन-नयन मिलते,
खिलते हैं हृदय, कमल के दल-के-दल हिलते,
जिस गति की सहज सुमति जगा जन्म-मृत्यु-विरति
लाती है जीवन से जीवन की परमारति,
चरण-नयन-हृदय-वचन को तुम सिखला दो !

१७. ८. ३८.

वारिद-वदना

(गीत)

मेरे जीवन में हँस दीं हर
वारिद-झर !
ऐ आकुल-नयने !
सुरभि, मुकुल-शयने !
जागीं चल-श्यामल पल्लव पर
छवि विश्व की सुघर !
पावन-परस सिहरीं,
मुक्त-गन्ध विहरीं,
लहरीं उर से उर दे सुन्दर
तनु आलिङ्गन कर !
अपनापन भूला,
प्राण-शयन भूला,
बैठीं तुम, चितवन से सञ्चर
छाये घन अम्बर

१७. ८. ३८.